半生烟雨，半世落花：

李清照传

随园散人
作品

BANSHENG YANYU
BANSHI LUOHUA
LIQINGZHAO ZHUAN

人民交通出版社股份有限公司
China Communications Press Co.,Ltd.

图书在版编目（CIP）数据

半生烟雨，半世落花：李清照传/随园散人著．—北京：人民交通出版社股份有限公司，2016.11
　　ISBN 978-7-114-13408-1

　Ⅰ.①半… Ⅱ.①随… Ⅲ.①李清照（1084—约1151）—传记 Ⅳ.①K825.6

中国版本图书馆 CIP 数据核字（2016）第 253453 号

书　　　名：	半生烟雨，半世落花：李清照传
著　作　者：	随园散人
监　　　制：	邵江
策　　　划：	童亮
责任编辑：	刘楚馨
特约编辑：	陈力维　李梦霁
营　　　销：	吴迪　张龙定
出　　　版：	人民交通出版社股份有限公司
地　　　址：	（100011）北京市朝阳区安定门外外馆斜街 3 号
网　　　址：	http://www.ccpress.com.cn
销售电话：	（010）59636983
总 经 销：	北京有容书邦文化传媒有限公司
经　　　销：	各地新华书店
印　　　刷：	中国电影出版社印刷厂
开　　　本：	880×1230　1/32
印　　　张：	7.375
字　　　数：	160 千
版　　　次：	2016 年 11 月　第 1 版
印　　　次：	2019 年 6 月　第 17 次印刷
书　　　号：	ISBN 978-7-114-13408-1
定　　　价：	36.00 元

（有印刷、装订质量问题的图书由本公司负责调换）

序言：
与时光对饮

过客来来去去，故事分分合合。

时光陈旧后，满眼皆是荒烟漫草。却还有人，于风前月下，说着岁月窈窕。

经过风雨飘零，仍能与时光对饮，必是深爱这人间的。

印象中的诗人是这样，悲伤过，落寞过，惆怅过，说着世事无常，笔下却是岁月无恙。回望千古岁月，有许多身影，在山间湖畔，在古道天涯，满心凄凉，落笔时却总怀着几分念念不忘。或许，这便是诗人对尘世的长情。

蓦然间，想起那个与风花雪月有关的年代。杨柳岸、断桥边、春花秋月、芳草斜阳，那里有过太多悲喜交织的情节。宋词，欢喜与悲伤，相聚与别离，都美得让人绝望。

那女子就在那里，素手执笔，写尘世风景，写落花无语。

李清照，似乎只需浅浅回首，就能遇见她的美丽与哀愁。

她是风姿绰约的，亦是多愁善感的。

记忆中的她，还是个明媚的少女，溪亭日暮，乘舟误入藕花深处，说不出的意兴盎然；记忆中的她，在驿动的季节，蹴罢秋千，遇见可心之人，羞怯而去，却忍不住倚门回首，把那青梅浅嗅。

她有过如诗的爱情，有过许多赌书泼茶羡煞世人的日子。可以说，她的爱情美到了极致。然而，后来的故事却急转直下。江山破碎，世事飘摇，深爱之人不幸离世。两个人的花前月下，变成了独自的地老天荒。

世事就是如此，不经意间，月缺了，花落了，故事黯淡了。

聚散离合，悲欢起落，都只在刹那。

于是，后来的李清照，更多的是萧索与凄凉。

寻寻觅觅，凄凄惨惨，这是她的无奈。疏雨黄昏，落红满地，飘零辗转中，世界早已不是从前的模样。甚至江南，也不能给她的荒年冷月，些许温暖。

就像张爱玲说的，乱世的人，得过且过，没有真的家。

那样的年月，三杯两盏淡酒，泡着满心寂寞。

卷上珠帘，却卷不上哀愁，着实是难言的况味。

荒凉人世，无枝可依，她选择了坚强地活着。她的性情里，除了感伤，还有倔强。她敢于以女子之身，端立于众文人之间，不扭捏，不畏惧。所倚仗的，除了惊世的才华，便是倔强的性情。

她是婉约至极的女子，却又不失豪气。曾经，她写过这样的词句：生当作人杰，死亦为鬼雄；也写过这样的词句：九万里风鹏正举，风休住，蓬舟吹取三山去。

许多日子，沉默不语。她的酒杯里，盛满了孤独。青丝成了白发，烟雨湿了流年。她不哭，亦不笑。所有的颠沛流离，所有的形单影只，都仿佛变得遥远。

　　认出了生活的模样，就会与时光握手言和。

　　终于，陌上时光，成了小酌浅醉时的月色迷离。

　　在文字的世界里，她从未老去。老去的，是起承转合的世事。

　　月满西楼的时候，她还在那里，与时光对饮。

　　偶尔，想着前尘往事，说起花自飘零水自流。

目录
contents

1 \第一卷:婉约才女初长成
  1　\零落人间
  5　\云去云来
  10　\京城繁华如梦
  14　\刹那尘缘起
  19　\寂静里绽放
  23　\生命皆如尘

29 \第二卷:锦瑟年华谁与度
  29　\相逢如谜
  33　\两处相思无言
  38　\才女心事
  42　\春风十里不如你
  47　\简单幸福
  52　\浅相遇深相知

57 \第三卷:红尘世事皆如梦
  57　\突然西风萧瑟

61 \人生如修行

66 \离情别恨难穷

70 \为君倾尽温柔

75 \孤独不可言说

80 \远离尘嚣

86 \第四卷：清欢岁月两相知

86 \赌书消得泼茶香

90 \疏影尚风流

95 \人比黄花瘦

99 \独抱浓愁无好梦

104 \庭院深深

108 \风过无痕

114 \第五卷：刹那沧海已桑田

114 \江山摇落

119 \岁月风雨飘摇

123 \踏雪没心情

127 \可怜春似人将老

132 \生当作人杰

136 \故乡何处是

142 \第六卷：风雨乱世自飘零

142 \来日并不方长

146 \千山暮雪

151 \天涯漂泊

155 \风定落花深

160 \梦远不成归

164 \与岁月同行

169 \第七卷：安得情怀似旧时

169 \彩凤随鸦

173 \琴心剑胆

178 \欲将血泪寄山河

183 \往事已成空

187 \莫负东篱菊

192 \避难金华

198 \第八卷：烟月无边人已去

198 \物是人非事事休

203 \青山有幸埋忠骨

207 \草木春秋

211 \回忆若可久居

216 \半亩心田

221 \归去无痕迹

第一卷：婉约才女初长成

陌上青草，帘外芭蕉，沉默的烟雨红尘。
繁华与萧瑟对望，沧海与桑田为邻。
整个世界，都在真与幻之间摇摇晃晃。
不变的，是匆匆赶路却又从未走远的时光。

零 落 人 间

宋朝，说来已是千年前的记忆。那里，雪月风花在柴米油盐里化成悠长的叹息；那里，才子佳人在悲欢离合里说着缘起缘灭。那里，人生与世界，仿佛都在酒杯里，婉约着，悲凉着。来往不休的过客行人，在遇见与离别中，让心事流放于文字。于是，有了宋词。

有人徘徊堤岸，看晓风残月；有人独上高楼，看碧树天涯。

有人悠闲自得，看山前星雨；有人凄凄切切，看满地落花。

喜欢宋词，喜欢那种悲凉中的美丽。杨柳岸的晓风残月，短松冈的形单影只，高楼上的浊酒入肠，都让人在叹息中默然追味。可惜，毕竟去远了，风月缠绵的故事，诗酒流连的情怀，已是渐行渐远。

尽管如此，有些人还是时常被人们说起。只因，他们在匆忙的人生旅途中，以素净之心真诚落笔，将欢喜与悲伤留在了诗文之中。这样的诗文，足以灿烂到时光尽头。

李清照便是如此。她留存于世的诗词并不多，但人们从未忘记她笔下的风华。

她被后来的人称为婉约词宗，并非因为她是女子而承蒙错爱，而是因为，她的确惊才绝艳，落笔之处，悠然也好，萧瑟也好，尽是大家风范。于是，走入诗词的世界，总会与这婉约的女子不期而遇。她就在那里，在那个动荡的年代，静默着，悲伤着。

宋神宗元丰七年（1084），时值春日，李清照出生于山东济南章丘明水镇。在济南老城西南角，有著名的趵突泉。趵突泉有三个泉眼，终年喷涌，四周砌石，环以扶栏。泉畔有观澜，可凭栏俯视三泉喷涌的画面。李清照纪念堂就在趵突泉东漱玉泉畔。

草长莺飞的日子，世间万物皆如寻常，清醒中有醉意朦胧，迷茫中有悲喜浮沉。市井中的人们，来的来，去的去，过着平常的日子，说着沉默的对白。

无人知道，李府中的那声啼哭连着怎样的聚散离合；也无人知道，多年以后，李清照会将自己的名字刻在岁月之上，被人们时常说起。

诗词的世界里，多的是风流恣肆的才子，少的是简淡清婉的才女。那些陈旧的年月里，大多数女子噤若寒蝉，似乎来到人间，从不需要思索，从不需要表达。很庆幸，我们还是看到几个柔弱的身影，倔强而平静地端立在历史的天空下。身为女子,她们敢于选择自己的人生,我们有理由为之感动。

蔡文姬、薛涛、李清照、柳如是……这些女子顶着礼教与道德的巨石,在夹缝中生长,长出了属于才女的绝代风华,实在算是奇迹。很庆幸,千年以前,在填词写诗的人里面,有过李清照。宋词里,不能少了她的名字。那抹嫣然巧笑,那份清逸凄美,窈窕了千年。

现在,她来了,零落人间,寂静如尘。

北宋的繁华,日渐枯萎和荒芜。远处近处,清晰可见的是纷乱与挣扎、虚伪与软弱,野心家与阴谋家,让整个大宋王朝狼藉满地。悠扬的笛声不见了,清浅的时光不见了,只剩下苍茫的大地,长满狰狞与凌乱。

生于这样的年代,人生注定充满荆棘。但也没办法,尘缘如谜,何时到来,何时离开,谁都无法掌控。李清照,这位多愁善感的才女,必然要在乱世的风雨里寻寻觅觅,苦辣酸甜,唯有自知。

李清照出身于书香门第,父亲李格非是宋神宗熙宁年间进士,是当时著名的文人。他是苏轼的学生,颇受东坡先生赏识,人们把他与另三位诗人廖正一、李禧、董荣并称为"苏门后四学士"。李格非生平写过许多诗文,可惜大部分未能流传下来。

他不仅对诗词歌赋有很深的造诣,而且对于儒家经典亦有专门研究,曾著有数十万字的《礼记说》。同时,他还潜心研究历史,写过《史传辨志》。因为他文笔优美,宋朝人甚至把他与司马迁相比。

李格非为人清正刚直,嫉恶如仇。或许正因为如此,他很难跻身于尔虞我诈的北宋政坛。他曾在山东郓州任教授,以教书为业。后来到太学任博士，受到苏轼重用。哲宗年间，本有机会受到提拔，却又受到当权者章惇和蔡京的排挤，被贬为通判。

北宋后期，朝廷里政治斗争已近疯狂，浮沉起伏常在旦夕之间，许多人都在惶恐中茫然度日。就连苏轼这样的大文豪，也无法避开宦海浮沉，时常在被贬谪的路上，走得形容憔悴。

幸好，他足够豪迈，在经历起伏的时候，只是举着酒杯淡然而笑。

心中永远是那样，无论晴天雨天，自有风清月白。

大概，看透了，淡然了，红尘万物便只如烟云。

由于与苏轼的关系，李格非后来陷入了朝廷党争的旋涡，李清照的生活也因此很不平静。甚至，她与赵明诚的爱情，也曾风雨飘摇。不过，命运待她还不算太凉薄，给了她若干年的岁月静好。

李清照出生后不久，其生母就去世了，李格非续弦状元王拱辰之孙女。王氏是位知书达理的女性，具有很好的文学修养，视李清照如己出，对其照料得细致入微。

李清照周岁那天，按照习俗进行抓周，面前摆了水果、算盘、针线、毛笔、经卷、脂粉、玉佩、手鼓、绢花等物，李清照若有所思后，抓起了毛笔。人们将她面前的物件调换了位置，她仍旧抓起了毛笔。没想到，这看似随意的选择，却成了人生的伏笔。

文字，是她注定要走入的风景。或者说，她注定要用文字筑造让无数人神往的风景。于是，五岁时的七夕，李清照向王氏说出了自己的心愿，并非女红等事，而是读书写字。因为身在书香世家，这样的心愿倒也不算出格。倘若是寒门，便另当别论。

不管怎样，李清照的读书时光开始了。她聪慧无比，读书几乎过目不忘。在京任职的李格非对此颇为惊喜，特地为女儿开列了许多书目。书房成了李清照最常出入的地方，她只是偶尔走入姐姐们的绣房，不经心地学点刺绣女红。对李清照来说，与书香墨香相比，女红之事很是无味。

当然，她觉得更加无味的，是三从四德。那些陈腐的规矩，她从来都是视如敝屣。我们必须庆幸，李清照生于一个开明的家庭，对她的教育也是开放式的。若非如此，她恐怕也会如大多数女子那样，在横七竖八的礼教规则里，战战兢兢，如临深渊，纵有满腹才情，怕也是少人知晓。

李清照对书有着天生的痴情，只要有书在手，她就可以乐不思蜀。渐渐长大之后，她终于明白，世间之事，真真假假，皆在书中。而此时，她还年幼，岁月还未在她生命里留下什么痕迹，只是给她晴朗与自在，让她盛放少年时光。

她还在寂静里。没有忧愁，没有感伤。

情怀与风姿，都在渐渐长成。

云 去 云 来

素净的日子里，李清照渐渐长大。身姿与心思，都变得窈窕起来。世间的喧嚷与凄凉，未曾侵入她的心田。她需要做的，就是在云下的日子里累积少女的心事，或者在书香里累积对尘世的种种疑问。

云去云来，潮起潮落；聚散悲喜，沧海桑田。

生活的真实，岁月的模样，等着她去发现。

现在，她已是个明朗少女。绚烂的年华，开在花前。陌上的青草萋萋，庭前的月色依依，牵引着她少女的梦幻与希冀。她学会了淡淡的忧伤，亦学会了浅浅的回眸。

十几岁的李清照，已是娉婷女子。些许任性，些许洒脱，些许倔强，还有隐约可见的诗人气质。腹有诗书气自华，这话不假。常年漫步于书香之间，不经意间便会褪去许多俗气。想必，看着菱花镜里的自己，李清照是喜悦的。那是个曼妙的身影。

如今的李清照，对诗词歌赋、经史子集、笔记杂录、逸闻逸事都有浓厚的兴趣。她喜欢独立思考，对前人说法从不盲从，总能提出独特的见解。她经常告诉弟弟李远，要学会思考，不要人云亦云。

对李清照来说，填词写诗是极美的事情。她喜欢游走在平平仄仄之间，将世间物事随性摆放，成为笔下的翩然意象。如此，清风明月、烟雨斜阳，便成了她不愿远离的知己。

她不喜欢拘束，也不喜欢沉默。年岁渐长，她越来越向往外面的世界。如果可以，她甚至希望去向远方，遇见所要遇见的，告别终将告别的。显然，对这个性格活泼且满是书卷气的女子来说，闺房太过死气沉沉。

终于，她走出来了。那是个清朗的夏日午后，在那个叫溪亭的地方，她划着小舟，悠然漂在水上，不知不觉已是黄昏。窈窕的少女，潋滟的水光，田田的荷叶，这样的画面只是遥想，已足以让人沉醉了。

当然，真正沉醉的，是那日的李清照。或许是太兴奋，多饮了几杯酒，毕竟是少女，不胜酒力，很快就醉眼迷离了，小舟竟漂入了荷花深处。吃惊之余，酒醒大半，很快确定了归去的方向。

然而，游兴正浓的她，却没有归去的意思。因为醉于眼前景致，她反而划着小舟继续前行。蓦然间，无数只鸥鹭被惊起，平静的画面平添了几分灵动。那天的情景，始终萦绕在李清照心中，于是有了那首《如梦令》：

常记溪亭日暮，沉醉不知归路。
兴尽晚回舟，误入藕花深处。
争渡，争渡，惊起一滩鸥鹭。

大概是几年以后，李清照身在京城，想起当日往事，依旧觉得颇有情趣。于是，飘然落笔，写出了这些轻灵的词句。那日的醉意，她并不觉得有何不妥，事实上，她喜欢那样的醉意朦胧，亦喜欢在醉意中打量红尘。

腹有诗书的女子，到郊野游玩，还喝得大醉，即使在千年后的今天也是不多见的。在封建礼教重压之下的宋代，这样的事就更为稀罕了。

李清照不仅这样做了，借着酒意，在夕阳西下时分，以小舟为笔，以天地为纸，画出了那幅少女误入荷花深处的唯美画卷，还兴致盎然地填成了词。她就是要告诉世人，青春时节，她曾那样沉醉过。这是她婉约中的豪放。

李清照好酒，而且不只是小酌。在这位才女的作品中，我们最眼熟的词语就是沉醉、残酒、病酒、淡酒、把酒、酒醒等等。在她流传于世的诗词中，半数与饮酒有关。

饮酒无所谓对错，尤其是对于诗人来说。摇摇晃晃的世界，似乎只有以醉眼迷离与之相对,方显得自然。一帘月,几杯酒,醉与醒之间,便是千山万水。

李清照的生命中,从未停止饮酒。少女时饮酒,婚后仍饮酒,后来孤家寡人的时候更是喜欢饮酒。尽管如此,人们印象中的她,仍是清雅感伤的。醉也好,醒也好,不变的是才女的风姿。

赏玩游乐的时候,必要以酒助兴;孤单寥落的时候,也要借酒浇愁。落花时节,希冀杯中之物可以驱散感伤,"正是伤春时节,酒阑歌罢玉尊空,青缸暗明灭";秋风四起,落木萧萧,又是要用酒来煨暖时节,"断香残酒情怀恶,西风催衬梧桐落,梧桐落,又还秋色,又还寂寞"。

亲人远离,相思寂寞,唯有饮酒。"酒盏深和浅,好把音书寄过雁","酒意诗情谁与共,泪融残粉花钿重";流落在外,相思难耐,也要喝酒,"故乡何处是,忘了除非醉;沉水卧时烧,香消酒未消","夜来沉醉卸妆迟,梅萼插残枝,酒醒熏破春睡,梦远不成归"。

总之,词人饮酒,不拘时节亦不拘地点,兴致上来,饮上几杯,整个世界,天地云月,便都在酒杯中了。果然,她是有几分豪气的。

事实上,李清照还曾宣称自己天性喜欢博戏,其实也就是赌博,只不过,她将其称为深闺雅戏。从她写的《打马图经序》中可以得知,为了赌博,她能够废寝忘食,最重要的是,每赌必胜,大小通杀。至于原因,她说得很简单,就是精于此道。

虽然好酒和好赌让人们对她颇多诟病,但是李清照自己,却总是乐此不疲。虽为女子,但她活得豪放磊落,喜欢就是喜欢,从不畏畏缩缩。何况,那不过是荒度流光的消遣。回到文字的世界,她仍是那个才气纵横的词人。

花开有声，风过无痕，她都留意着。

关河萧索，岁月陈旧，她亦惦念着。

人海之中，人们记得她的婉约和惆怅。她却在雨疏风骤的夜晚，再次举起了酒杯，然后借着酒力沉沉睡去。醒转的时候，忙不迭地问卷帘之人，经历了风雨，园中的海棠花是否无恙。这感伤的女子，不愿看到花落成泥的画面。而在别人眼中，却是海棠依旧。

昨夜雨疏风骤，浓睡不消残酒。

试问卷帘人，却道海棠依旧。

知否，知否？应是绿肥红瘦。

没错，应是绿肥红瘦。浓睡后酒醒，她首先关心的是园中海棠，惜花之心不言而喻。李清照的心里，其实是清楚的，一夜骤风疏雨的揉损，海棠花定是残红狼藉，却又不忍亲见，于是试着向正在卷帘的侍女问个究竟。这试探的发问，将词人关心花事却又害怕听到花落的消息、不忍亲见落花却又想知道究竟的矛盾心理，表达得贴切入微，曲折有致。

这首小令，有人物，有场景，还有对白，寥寥几十字，却充分显示了词人的才华。伤春悲秋的人不少，能将此般心境写到极致的却只有少数人。读着这样的词，谁还在意词人是否好酒？为花而喜，为花而悲、为花而醉、为花而嗔，这就是李清照。

当然，这婉约的女子，任情豪放、不受拘束，亦是显而易见。

她是飞扬恣肆的李清照，唯唯诺诺、沉默不语，都不属于她。

想必，当她闯入词坛，会让无数人惊愕。

而她，仍是那样，独乘轻舟，飘洒自如。

京城繁华如梦

云天下的风流恣肆，月光下的缱绻缠绵。

宋朝的光阴，还在婉约地招摇。故事也就在其中，无声地上演。

风烟与月色，书生与红颜，江湖与过客，加了韵脚，便是一阕阕词。离合变幻，世事辗转，尽在其中。甚至，远处的马蹄之声与刀剑之光，亦是隐约可见。只是，醉在宋词里的人们，还未醒转。

那年华如诗的女子，自在而洒脱地走着。流水断桥，斜风细雨，都在她清朗的心田里，长成了诗。至少，少女时期的她，未曾经历苦楚迷离。远处的风雨如晦，人世的蜚短流长，此时都与她无关。

她是诗画中的红颜，捧着月光看花开花谢。

几杯淡酒，半醉半醒，不见尘嚣与萧瑟。

不过现在，李清照要离开故土了。元符元年（1098）冬天，在京城为官的李格非觉得寥落，于是写信给家里，让王氏带着李清照及弟弟李远赶赴京城。李清照喜不自胜，她是性格活泼的女子，多年徜徉书海，却未曾出过远门，见过大的世面，心里很是不甘。

而且，要去的地方是京城，那里有如梦的繁华，有无数的文人雅士，还有说不尽的醉意翩跹。对于所有嗜好文字的人来说，那里都是不可不去的地方。所以，看到父亲的书信，李清照恨不得马上飞到京城去。

我们也知道，那片广阔的天地，是李清照真正可以文采飞扬的地方。明水虽山水相依，毕竟只是一隅之地，不能让她的才华尽情绽放。事实上，从很小的时候开始，就总有人称赞她为小才女。年岁渐长，李清照终于明白，在这个地方，再多赞誉都不值得炫耀。

她需要真正的远方，需要真正的诗酒趁年华。

天空海阔，柳暗花明。繁华与萧瑟，将装满她的行囊。

李清照上路了。继母王氏带着她和李远，向着汴京出发了。眷恋与不舍很快就被向往与兴奋取代了。他们沿着与黄河基本平行的路线，经历城、长清、平阳、梁山、郓城、菏泽、兰芳，最后落脚于开封。

许是午后，冬日的市井，严寒遮不住满目繁华；

许是黄昏，饮血的残阳，静静打量着世间众生。

开封历史悠久。早在春秋时期，郑庄公命郑邴在此筑城屯粮，取开土封疆之意，命名为开封。战国时期，魏惠王把国都从山西安邑迁到这里，称为大梁，从而揭开了在华北平原建都的历史。汉朝时梁孝王刘武在此兴建了号称广袤三百里的大花园，从此梁园之名天下皆知。到北周时，因其濒临汴水和淮河水运要冲，改名为汴州。五代时，后梁、后晋、后汉、后周都以此为都。尤其是后周世宗柴荣，对开封进行了大规模的扩建，奠定了开封大都市的地位。

宋朝建立后，经过百余年的建设，开封水陆交通已是四通八达。《宋史·河渠志》记载："汴水横亘中国，首承大河，漕引江湖，利尽南海，半天下之财富，并山泽之百货，悉由此路而进。"

北宋有四个都城，河南开封为首，成为东都。开封有外城内城，外城方十三里，内城七里，成周围有十二座城门，入城处有两层或三层的城圈，用来围困进犯的敌军。因为国都地处平原，无险可守，只有北部黄河绵延约二百里，可以拱卫国都。为了国都安全，大宋君臣拟订了极为周密的军事防御计划。

在西部洛阳，距开封百余里，建立了西都，用以遏止经军事要隘潼关自西北而来的进犯之敌。在东部约八十里以外的商丘，设立军事重镇，是为南都。抵御外敌从南部而来。此外，在河北南部的大名府，建立了北京，遏止北部异族的南侵。

现在，李清照已在汴京了，她很激动。

满眼的繁华，过往的行人，牵着说不尽的故事。

香车宝马，玉盘珍馐，声色歌舞，尽在其中。城外有护城河围绕，河宽百丈。两岸杨柳依依，朱门白墙掩映在葳蕤的树木之间。城内大街通衢，每隔百码，设有警卫。自城中流过的河道上，架有布满雕刻的油漆木桥相通。皇宫位于城市中央。宫殿四周是大街，按照罗盘的四角起的名。皇宫的四面为中书省和枢密院。在外城的南部，朱雀桥之外，有太学和太庙。

李家住在朱雀门外离太学不远的一条小巷里，很是幽雅清静。典型的北方院落，大门朝南，北面三间正房，中间是客厅，东面是李格非的卧室，李清照住在西面。院里的翠竹与苍松，给这静默的冬日增添了不少生机。

李清照喜欢这里。当然，她也喜欢那座城市。

所有的物事，仿佛是崭新的，却又分明是古老的。

时光亦是如此，在新与旧之间，几许嫣然，几许叹息。

往往是这样，城市从不向谁关上门扉，却也不会轻易向谁低眉浅笑。万千人来来去去，大多数总是过客。留下的人们，看着满城繁华，却也不得不在流光里彷徨。

此时的李清照，毕竟太年轻。繁华背后的哀愁，时光深处的寂寥，仿佛都和她离得很远。她只想停在这里，将陌上人间，将华年盛世，仔细品读。然后，用她才女的情思，拈花成诗。

那日，她走到了市井之中。冬天的汴京，并不显得冷清。街市店铺，亭台楼阁，走卒过客，书生布衣，一切都在喧杂中井然。这就是城市的模样，离合悲欢，就在某些角落发生着，鲜有人知。

走着走着，李清照若有所思。

小楼上的烟雨往事，巷陌里的宿命尘缘，都在她脑海中若隐若现。

身边的李迒，却很少有这样的心思。他喜欢那样热闹的街市，却很少如李清照那样，于热闹里遇见萧瑟。毕竟，同样的所见，寻常人与诗人的心中所想，往往有着云泥之别。

已是年末，街市上人来人往，颇有过年的气氛。王氏要了三幅门神，李迒不懂，李清照向他解释门神图画上的典故，周围的人们见这位少女博学，用赞赏的目光看着她。李清照莞尔。

遇到卖钟馗像的，货摊上摆着两种，王氏买了三幅唐式钟馗像。李迒问原因，李清照告诉他，唐式钟馗是唐代大画家吴道子的真传神韵，而另一种钟馗像则是出自别人之手，神韵不可与前者相提并论。她静静地说完，引来喝彩无数。她仍是浅笑，人淡如菊。

后来，他们来到不远处的桃符摊前。店家先前见李清照解释门神和钟馗像，对她颇为欣赏，于是故意问她桃符之事。李清照略显羞怯，然后落落大方地说了起来。待她说完，店家大为惊异，连声夸她奇才，还把店中最好的桃符送给王氏三幅。

尽管如此，王氏还是觉得，李清照这样抛头露面不合适。于是，她便督促仆人，赶快雇车回府。李清照虽觉得怏然，却也没办法。她离开了街市，但是街市上的很多人记住了这个满腹才华的女子。

回到家里，王氏将日间街市上的事情告诉李格非，并且说，李清照对诗词歌赋之事格外入心，只要沉醉于文字，几乎可以忘却周遭之事。李格非毕竟不是庸俗之人，听了这些，非但不担忧，反而很开心。

他知道，有个多才的女儿，必会招来不少冷眼与嘲讽，毕竟，那仍是认为女子无才便是德的年代；毕竟，许多陈旧至酸腐的规则仍旧横亘在那里。但是李格非不在意，有李清照这个女儿，他觉得是人生幸事。

那夜，想着许多事，李清照久久没有入睡。

汴京城里迷离的灯火，连着万千聚散离合。

有些人在清醒中沉睡着，有些人相反。

刹那尘缘起

应该说，李清照是喜欢京城的。

喧嚷与凌乱，都与她无关。至少，她手边的时光是清浅的。

几许斜风，几许细雨，写几行小字，明媚也好，忧伤也好，都只是心情，无关风月。

她还是个少女，曲曲折折的心事里，满是不约而至的夏风秋雨。

李格非心里清楚，多才亦必多伤。尤其是女子，沾染了文字，也就沾染了悲愁。花谢花开，月圆月缺，都将牵动心事浮沉。但他看得出，李清照钟情文字，视之如生命，他不愿横加阻碍。

事实上，李格非从未阻止李清照流连于文字，此时更是如此。他将自己书房中适合李清照的书籍，尤其是汉唐名家的著作，都找出来给李清照和李远阅读。其后，又在街上的书铺中，专门为他们购置了不少书。他嘱咐王氏继续教导姐弟二人，他自己只要得空，都会悉心指点。不过，对于书的热情以及领悟力，李清照显然要远胜于李远。

除夕，全家人围在火炉边守岁，远处近处尽是火树银花，李远想要燃放爆竹，李清照却提出背诵诗词的比赛，两人轮着背诵，不准重复，五首诗词皆无错误才能燃放爆竹。这样的比赛，李远必然很难赢他这位才女姐姐。不久，因为燃放爆竹的机会很少，他的兴趣便转移到别的项目上去了。

京城的春节是热闹而快乐的。早在年前，开封府就在宣德楼前搭起了山棚。春节当天，御街两侧成了歌舞百戏和奇术异能大显身手的场所，各种项目令人眼花缭乱。从正月初七开始，又布置起了灯山，上面画着各种神仙故事和民俗人物。

当然，最招摇的是挂在高处的"与民同乐"四字。皇帝会在宣德楼上，观看专门为他搭建的乐棚中的各式表演。他的身边，有大内侍卫尽心守护,有嫔妃美人软语轻言。隔着遥远的时空,仍能看到他高高在上的模样。所谓的与民同乐,听来颇有讽刺意味。

不管怎样,那样的画面,还是在喧嚷中宣示着盛世太平。

王侯将相,贩夫走卒,都在狂欢里迷醉着。

却不知,**繁华如纸,经不起风吹雨打**。

虽然身在京城,满眼都是歌舞升平,李清照却总能沉静下来,与书香为邻。她喜欢这样,在文字中遇见或离别,在月色下欢喜或忧伤。

已是春天,万物苏醒。到京城已有数月,心情平静了许多。这日,李清照将最近的几首习作拿给父亲看,李格非仔细品读后,感慨颇深地说:"文不可以苟作,诚不著焉,则不能工。且晋人能文者多矣,至刘伯伦《酒德颂》、陶渊明《归去来兮》,字字如肺肝出,遂高步晋人之上,其诚著也。"

其实,李格非就是希望,李清照在文字中做到感情真挚,不迁就,不矫情。以此为基础,再不断锤炼,才能写出真正的佳作。聆听着父亲的教诲,李清照点头称是。其后成文,便总会留心赋予真情,而不只是停留于表面的美感。

能打动人的,总是那些来自生活看似平淡的文字。那些浮华绚烂的文字,往往经不起细细品味,更经不起时光的磨洗。让人欣喜的是,李清照的文字,在美丽的外表下,更有对生活的体验与归结。

幽兰居士《东京梦华录》有这样的记载:"四月八日佛生日,十大禅院各有浴佛斋会。煎香药糖水相遗,名曰浴佛水。"那日,李格非带着全家人游览了相国寺。

相国寺本来是战国时信陵君魏无忌的故宅旧址。南北朝的北齐，文宣帝高洋曾在这里建寺，成为建国寺。到了唐朝初年，建国寺为战乱所毁，已是踪迹难觅。后来，一位法号慧云的高僧经过，认为这里是风水宝地，便决定在此建立寺院。中间虽有曲折，寺院最终还是建成了，被称作相国寺。后来，相国寺在战乱中又遭到破坏，到宋太宗时才得以重建。

那是个惠风和畅的日子。相国寺被游客挤得水泄不通。亲眼目睹浴佛盛事，李清照虽然好奇，心中也有不少疑问，但是那样的场景并没有给她太多欢乐。或者可以说，她并不喜欢置身于那样的地方，莫名地被人群包围着。

她喜欢的，是花前细雨，是西楼月满。

于静默之处，听花开雨落的声响，这是李清照心仪的画面。

后来，李格非带着全家人欣赏了相国寺的十大镇寺之宝，并向他们解释了这些文物的价值。十大镇寺之宝，即大殿内的弥勒圣容、宋太宗的亲书匾额、王温重装的金粉肉色圣容和善神、吴道子的文殊维摩像、李秀刻的佛殿障日九间、边思顺修造的排云宝阁、石抱玉画的扩国除灾患变相、仿于阗的天王像、环师画的功德变，以及智严画的因果入道位次图。

在这些艺术精品之前，李清照总会默然伫立。尤其是在吴道子的画前，她停留了很久。大概，衣带生风的吴道子，让这个少女想起了那个飘飘洒洒的年代。唐朝，那是酒杯里浮浮沉沉的绚烂岁月。可惜，后世之人只能在翩跹的唐诗里体会当时的气韵与风情了。

任何事物，风情万种也好，意趣盎然也好，过去了就只剩沉寂。

越是到后来，细雨湿衣，闲花落地，这些情节越少人过问。

终于，唐诗宋词成了岁月陈迹，只有少数人偶尔想起。

李清照应该庆幸自己生活在宋朝，虽然婉约的词句里尽是悲伤，毕竟诗意仍在光阴里摇曳。倘若她活在千年以后，满腹的才华怕是会在惨白的人世枯萎！有时候想想，如今这年代，配不上风花雪月，也配不上诗词歌赋。当诗书被束之高阁，所谓的诗意也就无从谈起。举着酒杯，说着无味的话语，哪里还有诗酒流连？

欣赏过相国寺的镇寺之宝，李格非又带着众人参观了本朝名胜，比如东塔院的普满塔、西塔院的广愿塔，以及五百罗汉像等。其后，他们来到了相国寺市场。不管走到哪里，李清照最愿意为之停留的，总是笔墨书画，她对其他事物兴趣很淡。李格非为李清照和李迒添置了笔墨纸砚等物。然后，他们走向书画碑帖市场。

此时，两个年轻人出现在他们前面。他们对李格非打躬作揖，神态很是谦逊。原来，是李格非前几年在太学时的学生赵思诚和他的弟弟。双方互相问候以后，便各自走开了。

没想到，这样寻常的邂逅，却是故事的开始。

你的低眉，我的浅笑，尘缘就在刹那间开始了。

不经意间，李清照遇到了那个男子。只是匆匆瞥见，已是难以忘怀。许多年后，她仍然记得，那个寻常的日子，躲在继母王氏的身后，有意无意地看着那个人，几片涟漪在心中泛起。他叫赵明诚，温文尔雅中，满是书卷气。

不过，这都是少女心事，不好向谁说起。回到家里，她仍是畅游于书海，偶尔望月沉思，偶尔听雨叹息，偶尔想起，某些愿意想起的人，然后窃喜或者感伤。她有了清淡的忧愁，在某些风起的时刻。黄昏月下，那伫立着的身影，妩媚如诗。

她有颗清逸之心，在宋词的云天下中折叠。

微风吹起纸页，她便与平平仄仄灵犀相对，静默不语。

寂静里绽放

该绽放便绽放，该飞扬便飞扬。

人生于世，就该如此。纵然零落成尘，至少不负华年。

现在的李清照，有满腹的诗才，有似水的年华。不久之后，她就将悠然绽放，在倾城的日光下。宋词，因为有了她的身影，悲凉里添了几分别致的美丽。

繁华之中，她有她的疏淡；寂静之中，她有她的清朗。

疏影暗香，清风明月，在她的笔下跌宕纠缠，成了眉间心上的心事。

某天，忆起溪亭日暮的往事，落笔如风，便有了那首《如梦令·常记溪亭日暮》。流畅的思绪，灵动的笔意，清新的风格，让这首小令成了千古佳作。不久之后，京城的文人们见到这首词，都赞不绝口。

紧接着，李清照又写了那首《如梦令·昨夜雨疏风骤》，仍是清淡素雅中满是轻灵，很快就成了文人们茶余饭后谈论的焦点。因为这两首词，李清照的才名不胫而走。人们都在猜测，她到底是怎样的女子。

很多时候，文坛都是须眉当道，鲜有女子身影。但是，李清照却在短时间内,以其旷世的才情,让人们知道了她的名字。我们知道,这不是刹那的绽放。李清照之才,是可以照临千古的。

她未必想要名垂青史,岁月却记住了她。

并非岁月深情,而是她的才华惊艳了岁月。

此后,李清照写诗填词更是得心应手。风起月落,花谢云走,她都会倾情落笔。美丽的女子,在美丽的年华里,写着美丽的文字。时光于是清浅无恙,仿佛不会遇见风吹雨打。

李清照,仍是那个灵动跳脱的女子。她喜欢外出游玩,在山明水静的地方寻找诗情。暮春时节,她来到花园。此时,游园赏花之人寥寥。入园以后,之间草木掩映,绿树成荫,百花已是残红满地。倒是芍药开得绚烂,让她十分欣喜。她在芍药花前流连许久,不舍得离去。这样的日子,必是要填词的。当天晚上,李清照写了一首《庆清朝》:

禁幄低张,彤阑巧护,就中独占残春。容华淡伫,绰约俱见天真。
待得群花过后,一番风露晓妆新。妖娆艳态,妒风笑月,长殢东君。
东城边,南陌上,正日烘池馆,竞走香轮。绮筵散日,谁人可继芳尘。
更好明光宫殿,几枝先近日边匀。金尊倒,拚了尽烛,不管黄昏。

词人并未点明她咏的是何种花卉,而先说此花生于宫禁,用朱红色的栏杆,巧妙地加以护持。待吟咏此花时,又说它妖娆多姿,惹得春风嫉妒,更使明月开怀,有几枝先在皇帝身边开放。也因此,有些文章便认为,这首词所咏的是牡丹。

其实,李清照是素雅淡净女子,所咏花卉不外江梅、金桂、藕花、白菊等,这些花都清淡高洁,好似人中雅士,未见对雍容华贵的牡丹有何好感。以芍药自比，说自己"绰约俱见天真"，更符合词人的审美情趣。

看得出，此时的李清照，生活非常悠闲。坐着车到处闲逛，可以游园赏花，可以坐卧山水，好不自在！归去之后，又可以写诗填词，或许还有几杯淡酒，日子已被她把玩成了诗。

兴许，某些黄昏，这妙龄才女会在不经意间想起那个叫赵明诚的男子，然后将绯红的俏脸埋进夜色。她的年岁已足以承受爱情的美丽。只是，缘分还在沉默。

秋天，李清照携了侍女，又到了郊外。她喜欢那天高云淡，亦喜欢那秋高气爽。置身于此，总觉得心旷神怡。于是，忍不住又要填词。

湖上风来波浩渺，秋已暮、红稀香少。

水光山色与人亲，说不尽、无穷好。

莲子已成荷叶老，清露洗、蘋花汀草。

眠沙鸥鹭不回头，似也恨、人归早。

秋天，向来是引人悲伤的季节。文人总是喜欢悲秋，李清照自己也不例外。但是，此时的李清照，毕竟只是个衣食无忧的少女，既无离愁别绪在心，又不会无端伤时叹世。在她的眼中，世界几乎是清丽无尘的。少年不识愁滋味，就是如此。

这样的秋日，放眼望去，辽阔的湖面上，湖光如镜，水波不兴，忽然风起，吹皱湖水，层层涟漪荡漾开来。湖中荷花已经葵谢，枝叶开始凋零，只有残存着的红花点点，不时散发出断续余香，整个湖面上呈现出一派秋日萧瑟的气象。但这无损于湖上的秀美风光，它仍是诗人笔下的模样：四面荷花三面柳，一城山色半城湖。

尽管荷花色褪，乃至零落，而群山诸峰，倒影湖中，特别是遍山红叶与湖边垂柳，交相映衬，更加妩媚。树上鸣禽，叽叽喳喳；洲渚鸥鹭，负日眠沙。动静之间，饶有情趣，给人以快慰之感，极尽游赏之乐。

她是陶醉了。率真与自在之间，怡然之情溢于言表。明明是自己喜欢那山光水色，却偏说山水对人亲近。移情于物，融情于景，使无情事物有情化。这意境分明就是辛弃疾笔下所写：我见青山多妩媚，料青山见我亦如是。

这般佳景，不只游人流连忘返，就连山禽水鸟也不忍离去。特别是沙鸥与白鹭性颇温驯，也很机灵，来往游人很喜欢逗弄它们，与之亲近，久了它们也不怕人，仿佛彼此之间，消除了隔膜，成为朋友。由于它们经常栖息于水边洲渚之间，人们遂以为隐者的象征。

"万里归舟弄长笛，此心吾与白鸥盟。"这是黄庭坚的诗句。当作者游兴已尽，与同游者相偕归去时，看到沙滩上的鸥鹭睡在那里动也不动，头也不回，便觉得那是责怪他们过早地归去，像是不够朋友似的。李清照这首词与之相似，把自己的人格泯化于物类中，尽量缩小自我，使之臻于"民胞物与"的思想境界，把分明是自己不愿离开沙鸥与白鹭的心意，却说鸥鹭责怪她为何匆匆归去。

这首词，生动鲜明，清新自然，洋溢着浓郁的生活气息和诗情画意，读来颇觉得回味无穷。苏轼曾这样评论王维：诗中有画，画中有诗。读这首词也是这种感觉，十足的画面感，让人仿佛置身其中。实际上，李清照也喜欢绘画，可惜画作极少流传于世。画中有词与否，难以断定；词中有画，却是肯定的。

这首不落窠臼的词,引得无数人为之侧目。有人惊叹这位少女敢于同传统唱反调的勇气,有人折服词中拟人传情的高妙手法,有人夸赞作者主客易位的巧妙构思,有人欣赏词人不含尘埃的清雅之气,有人看重其中曲折摇曳的抒情方式。

总之,看似小试牛刀,却让李清照才女之名日盛,就连"苏门四学士"之一的晁补之,也曾在前辈诗人面前夸奖过她,说她"诗情如夜鹊,三绕不得安",意思是,诗情上来,诗人的心中激动不已,就如夜里飞来的喜鹊,绕树三匝,不得安宁。

对于这样的赞誉,李清照自然是欢喜的。但她依旧是那个沉静少女,打量着人间,却又仿佛远离了世事纷扰,只在自己的天地间徘徊。

她是美丽的,亦是婉约的。如她的词。

款款而来,走得轻描淡写。

生命皆如尘

还未到抚今追昔的年纪,她只是偶尔感伤。

李清照的感伤里,满是少女的喜悦。写着喜欢的文字,年华就悄然绽放了。尽管才华横溢,但是当她蓦然间站在文坛,还是让许多人惊愕不已。虽有赞叹,却也有无数冷眼。只因,她是个女子。

仿佛,身为女子,就该蜷缩在闺房,不应沾染文字;

仿佛,身为女子,就该栖身于尘埃,不应吟诗作赋。

倔强的李清照，拾起了赞许目光，将那些冷眼与鄙薄，轻轻挥去，就好像从未遇见过。她知道自己想要的，所以无惧世俗眼神。她就是要以倾世才华，让世间所有男子哑口无言。她做到了，几阕词敲开门扉，便走了进去。宋词的天空下，从此有了她的灵婉清致。

事实上，李清照所具备的，除了出类拔萃的文学天分，还有超出常人的见识与胆魄。天资聪慧且乐于思考的她，多年沉浸于书海，对历史上的许多事都有独到的见解。

唐代著名文人元结写过一篇《大唐中兴颂》，内容是歌颂"安史之乱"后唐代社会经济休养生息，慢慢走向中兴。文章写得很好，后来专门请著名书法家颜真卿书写，刻在了浯溪石崖之上。

这年夏天，李格非与苏门四学士之一的张耒相遇于樊口。在船上饮酒赋诗的时候，张耒将他不久前所写的《题中兴颂碑后》拿出来给李格非看，想听听他的意见。由于时间紧迫，行色匆匆，李格非没来得及仔细品读，便带回了京城。张耒诗是应和元结那首《大唐中兴颂》而写的，诗是这样的：

玉环妖血无人扫，渔阳马厌长安草。
潼关战骨高于山，万里君王蜀中老。
金戈铁马从西来，郭公凛凛英雄才。
举旗为风偃为雨，洒扫九庙无尘埃。
元功高名谁与纪，风雅不继骚人死。
水部胸中星斗文，太师笔下龙蛇字。
天遣二子传将来，高山十丈磨苍崖。

谁持此碑入我室？使我一见昏眸开。
百年兴废增感慨，当时数子今安在？
君不见，荒凉浯水弃不收，时有游人打碑卖。

不久后，李清照看到了这首诗，竟是格外喜欢。同时，她又有自己的想法，不吐不快。于是，沉思良久，提笔应和了张耒的诗。而且，一发不可收拾，没过多久，竟写了两首和诗。

此类政治题材的诗，或许是太过沉重，即使是许多男子也不愿意触碰的。李清照，这个清婉的女子，本应是吟风赏月的，却毅然地翻开了那段历史，以厚重之笔意加以评点。不得不说，她是勇敢的。这份勇敢，源于她对历史的深刻认知。

五十年功如电扫，华清花柳咸阳草。
五坊供奉斗鸡儿，酒肉堆中不知老。
胡兵忽自天上来，逆胡亦是奸雄才。
勤政楼前走胡马，珠翠踏尽尘土埃。
何为出战辄披靡，传置荔枝多马死。
尧功舜德本如天，安用区区纪文字。
著碑铭德真陋哉，乃令神鬼磨山崖。
子仪光弼不自猜，天心悔祸人心开。
夏商有鉴当深戒，简策汗青今俱在。
君不见，当时张说最多时，虽生已被姚崇卖。

若不是熟读历史，并且进行过深刻思索，定然写不出这样的诗。因为这两首和诗，李清照的才气和学识更加为人所钦佩。吴曾在《能改斋漫录》中说，李清照少年便有诗名，才力华赡，逼近前辈；大哲学家朱熹曾这样说：如此等语，岂女子所能。这位古板的学者，大概永远都不会相信，这样鞭辟入里、荡气回肠的文字，出自李清照之手。

我们熟悉的李清照，是寻寻觅觅，是冷冷清清，是人比黄花瘦。但是那时候，她在绚烂的年纪，发出了这样铿锵有力的声音。于是，骄傲的男子们，不得不投之以青眼。而后世之人，也有了更多喜欢她的理由。

张耒还在重复着红颜祸国的论调，李清照却跳出了这样陈旧的思维，建立了新的格局。她说得很理智也很公正，大唐兴废之因，主要在于朝廷腐败、奸雄得志。元结的颂文与张耒的诗作，主要还是歌颂平息"安史之乱"，中兴大唐的伟业。李清照的诗，重点在于揭露天宝年间唐玄宗声色犬马、荒淫误国的行径。

在她看来，倘若君王有道，本来就不会发生那样的叛乱；叛乱虽已平息，却耗尽了国家元气，使盛唐走向衰落，因此并不值得歌颂。元结不但撰文歌颂，还把它刻在石崖上，这样的做法实在浅陋之至。

几分放肆，几分轻狂，却掩不住纵横的才学。那样美丽的年华，许多女子还活在幻梦里。李清照，却驻足在岁月之前，遥望逝去的历史。灯火下，她格外安静。

生命皆如尘，却各有高度。

同在尘埃里，有的人永远沉寂，有的人默然开花。

李清照属于后者。她是个女子，却不让须眉。她的才华，她的性情，她的视野，都远胜于许多人。她还在如水的年华里，所思所想却非常遥远。那是岁月的远。

她喜爱着身边的山水云月,却也关心着世界的浮沉起落。她早已发现,眼前的世界并不太平。大宋王朝的盛世华年,在纷扰与争斗之中,早已凌乱不堪。许多人在政治的旋涡中起起伏伏,失去了自己。

半年前,新年刚过,十二岁就继承神宗皇帝之位,当了十三年皇帝,年仅二十五岁的哲宗皇帝突然驾崩。由于哲宗膝下无子,围绕着皇位继承权,宫廷中展开了激烈的争斗。结果是,端王赵佶即位,便是宋徽宗。

这位嗜好书画的皇帝,原本是撑不起大宋万里河山的。但是现在,他就坐在龙椅上,悠闲地写着他的瘦金体,几许昏昏沉沉,几许莫名其妙。站立于朝堂之上的众人,或者庸庸碌碌,或者利欲熏心。总之,江山社稷就在这样的君臣手里,日渐憔悴。

延续多年的党争仍在继续,正直的、虚伪的、善良的、奸佞的,各种人纠缠在那片乌烟瘴气里,说不清是非对错。最初的斗争是由王安石派的变法和司马光派的反变法而引起的。延续到后来,两派政治力量你上我下,互相倾轧,大起大落。而一旦执政以后,本派内部又迅速分化,争夺益甚。神宗的动摇,高后的专权,哲宗的无能,怂恿和支持了大官僚之间的争夺,因而,朝廷竟成了官僚们操刀相向的战场。

外面的世界,已是烽烟四起,战马声与刀剑声此起彼伏。可悲的是,宋朝的君臣们,或醉生梦死,或明争暗斗,听不见江山摇落的隐约之声。

李清照这两首诗,不仅将腐化昏聩的唐玄宗和诸般谄媚误国的佞臣作了鞭挞,总结历史的教训,而且还影射了北宋末年腐败的朝政。君主荒淫无能,臣僚尔虞我诈。用借古喻今的方式来对当权者予以劝诫。表现了她对北宋末年朝政的担忧。

只不过，朝堂上的人们仍在麻木中沉睡。

声色犬马的岁月，不是谁能轻易唤醒的。

更何况，李清照只是个小女子，虽然笔下万千锦绣，却终究柔弱无力。事实上，即使是男子，也无法让混乱的朝纲有实质性的改变。文名斐然如苏轼，也只能在宦海浮沉中渐渐无声。远远望去，原本强盛的北宋王朝，身躯已渐渐佝偻。王朝里面，歌舞与叹息，混沌与苍白，交织成了无声的悲歌。

十七岁的李清照，默然叹息几声，从岁月中抽身而出。

寻常的巷陌，沉默的云烟。都被李清照认出了模样。

舞榭歌台，断桥烟雨，在渐渐熟悉中又几近陌生。

第二卷：锦瑟年华谁与度

人间陌上，许多故事，悄然间开始，默然间结束。
青丝白发，相聚别离，说不尽的沧海桑田。

相 逢 如 谜

陌上花开，西楼月满。

总有多情之人，静默地等待着。

等待灿然的相遇，等待刹那的莲开。

就像席慕蓉笔下所写："如何让我遇见你，在我最美丽的时刻？为这，我已在佛前求了五百年，求佛，让我们结一段尘缘。佛于是把我化作一棵树，长在你必经的路旁，阳光下慎重地开满了花，朵朵都是我前世的盼望。"

只不过，再热情的等待也未必能换来一个回眸。

许多默然的相逢，最终不过是无奈的擦身而过。

尘缘这东西，若有似无，让人欢喜，也让人悲伤。

十七岁的李清照，在文坛声名鹊起。她并非人们想象中弱不禁风的贵族小姐模样，恰恰相反，她聪明活泼、开朗大方，而且博览群书，对世事颇有见地。因此，她在当时的士大夫圈里颇有名气。文人们喜欢读她的词，喜欢她婉约中的豪气。这些人里，就有太学生赵明诚。

现在，李清照驿动的心中，渐渐有了花前月下的情节。她期盼着，有个俊朗秀逸的男子，于黄昏月下乘风而来，深情地典藏她美丽的年华。不经意间，那个叫作赵明诚的男子会出现在脑海。只是，她并不知晓，他们是否只有那匆匆瞥见的缘分。

这年，京城大旱，整个七月未曾下雨，导致田间庄稼枯槁，草木枯黄，人畜饮水都非常困难，几次祈雨都不见成效。于是有道士提议，采用古法求雨的方式，以解燃眉之急。这个建议被朝廷采纳，便责成开封府立即施行。

举行求雨仪式的日子，李格非带着李清照和李迒来到大佛寺。这天的李清照，略施粉黛，衣袂翩翩，如芙蓉出于清水，显得楚楚动人。

求雨仪式并无特别之处，李清照有些意兴索然。准备离开的时候，只见一群太学生在不远处谈笑风生，个个都是端正文雅。然后，赵明诚从中间走了出来，走到李格非面前，施礼问好。几句嘘寒问暖后，李格非向赵明诚引见了李清照和李迒。于是，李清照与赵明诚，算是正式见面了。

刹那四目相对，仿佛已是千年。

风姿绰约的她，温文尔雅的他，相逢美丽如谜。

那次在相国寺外，虽然相见却只是匆忙地掠过，如惊鸿般，未曾看清彼此。这次，他们仔细打量了对方，满心的欢喜。羞怯的模样，也被对方尽数记住。

告别之际，彼此对望，无声亦有声。

或许，走过山，走过水，为的就是这样的遇见。

就那样，蓦然间，他们已经住进了彼此心里，再也走不出，也不愿走出。

相逢于人海，故事的开头略显俗套，却又浅淡如诗。他和她，注定要走入故事，经历对方的悲喜。从此，他们的名字不曾分开。许多年以后，他们的故事仍是人们不断说起的佳话。

赵明诚字德甫，比李清照年长三岁，是山东密州诸城人。他出身于官宦之家，祖父在大名府做过官，父亲赵挺之在当时文坛和政界都颇有名气，当朝吏部侍郎，从三品，相当于现在国家人事部的副部长。赵挺之这个人精明干练，政绩突出，宋徽宗时官至宰相。赵明诚的母亲家也是名门，外祖父郭概，历官诸路提点刑狱，其女婿皆有才名，除赵挺之外，北宋著名文人陈师道、谢良弼，都是郭家快婿。

赵明诚自幼聪颖，被誉为神童。他博览群书，喜爱诗文，尤其酷爱寻访收集金石书画。难得的是，这样的爱好竟成了他毕生的事业。青少年时期，赵明诚随父居住在汴京，后入太学。此时的他，入太学已有数年，是太学生中的佼佼者。他的屋子里堆放着各式古董，同窗好友戏称他"赵古董"，他毫不在意。

赵明诚的姨丈陈师道，虽然因为政见不同，很不待见赵挺之，但是对赵明诚却非常欣赏。他在外地做官，曾数次写信告诉赵明诚，见过哪些金石文物。可以说，年轻的赵明诚，已经以金石收藏在学问家云集的士大夫中间享有很高的声誉。

更重要的是，其为人谦和沉稳，具有深厚的文化底蕴和高雅的文化趣味。也只有这样才华出众的男子，才能让傲然的李清照春心萌动。

那个寻常的日子，李清照在不经意间，为他打开了心扉。

而这个青年才俊，亦被这明朗少女，撞乱了心事。

爱情，就在刹那间落地生根，长出了悠悠的思念。

那日之后，李清照变得沉默了许多，却又在沉默中止不住窃喜。难以言说的思绪，沉甸甸地放在心中，如野草蔓延。夕阳西下，月上枝头，她总是倚着栏杆，独自沉思。那个俊雅的身影，总是浮现在眼前，让她魂牵梦萦。

赵明诚何尝不是如此！自从遇见李清照，他的整个世界仿佛突然间百花鲜妍。辗转反侧间，人都变得憔悴了。终于明白，这想见不能见的感觉，叫作思念。

这天晚上，父母说起了他的婚事，赵明诚只是静静地说，他年纪尚小，正是读书上进求取功名之时，婚事可以暂且放放。其实，他很清楚，早已有个女子住进心里，便很难容下世间其他女子。

那是个无眠之夜。赵明诚思虑了很久，心中终于有了主意。次日，他对父母煞有介事地说，昨夜梦里遇见一位白发老者送了他一本书，书中尽是些天文地理、神怪灵异之事，文字深奥难懂，醒来后只记得三句。

在赵挺之的追问下，赵明诚将那三句写了下来："言与司合，安上已脱，芝芙草拔。"赵挺之看了看，便明白了其中的意思。对他来说，这样的文字游戏很是简单。只见他踱着步，对家里其他人解释道："言与司合，乃词字也；安上已脱，乃女字也；芝芙去头，乃之夫也。"

没错，词女之夫。这就是赵明诚的愿望。李清照其人其词都让他爱慕至极。费了很大的功夫，杜撰那么个梦，不过就是为了告诉父母，他已经心有所属。只不过，当赵挺之说透他的心事时，他还是不肯承认。其实，大家都心知肚明。天下万千女子，善于填词落笔生花的，却只有李清照。

尽管如此，赵挺之并未给赵明诚答复。毕竟，官位亨通的赵挺之，在儿子的婚事上，必然要考虑许多事情。门当户对只是最基本的要求，赵挺之还希望，未来的亲家与自己政见不相左。都说官场如战场，踏错一步便可能粉身碎骨。聪明如赵挺之，绝不会让自己冒险。所以，他必须在仔细权衡之后，才能决定是否与某个家族联姻。

等待是苦的，为爱等待尤其如此。却也无法，虽然认定了那个女子，也只能期待父母给他安排圆满的结局。生于官宦之家，说来是幸运，却也是不幸。生命与爱情都系在政治之上，起落悲喜难以预测，也是悲哀的事情。

那头的李清照，也是心事搁浅着。万千惆怅里，夜无比漫长。

少女怀春，却又无处言说，甚至有些寂寥意味。

幸好，她手中有笔，可以将那些曲曲折折的心事记下。

然后，深锁于时光。

两处相思无言

遇见年华最好的你。这话听来真美。

就像沈从文说的，行过许多地方的桥，看过许多次数的云，喝过许多种类的酒，却只爱过一个正当最好年龄的人。在不断的相遇和离别中，我们终将明白，谁才是我们最后的风景。

世间弱水三千，敌不过那人的浅浅回眸。或许，这就是最美丽的相逢。

李清照遇见了赵明诚，在她年华最好的时候。

只是，此时的他们，并不知道对方的心意，只能各自遥望，两处相思无言。

有些事横在那里，让他们在红尘里认出彼此，却又隔着距离。

那是个看似平静却纷乱不息的年代，江山内外，朝廷上下，到处都是争斗留下的血迹斑斑。人性与人性冷冷地对立着，浮沉生死只在刹那。政治的旋涡里，人们苦心孤诣，经营着，算计着。其中就有赵明诚的父亲赵挺之。

他是所谓的新党，也就是王安石变法集团里边的人，所以跟反对变法的旧党人物之间的矛盾特别尖锐。苏轼对他非常反感，对他的评价是"聚敛小人，学行无取，岂堪此选"。也就是说，此人只知聚敛钱财，学问与品行几无可取之处，不能承担国家重任。后来，赵挺之成为监察御史，便借机弹劾苏轼在起草诏书的时候诽谤先帝。

陈师道是赵挺之的连襟，家境贫寒，大冬天没有棉衣穿，陈师道的夫人就向赵挺之的家里边借了一件棉袍给丈夫。没想到，陈师道得知衣服是借自赵挺之家，竟然退了回去。结果，外出的时候，因为受冻生病，不久便故去了。由此可见，革新派和守旧派之间几乎是水火不相容的。赵挺之与苏轼及苏门弟子亦是颇多龃龉。

所以,尽管已知赵明诚对李清照情有独钟,赵挺之还是要进行仔细的考量。他希望儿子能有不错的姻缘,但绝不愿意让这姻缘有损自己的仕途。

经过反复思忖,赵挺之终于认为,这门婚事并非不可行。原因是:首先,细想多年来李格非行事,虽为苏轼学生,却并非苏轼死党;其次,他与李格非虽然政见不同,关系还算和睦,并未有过冲突;第三,朝廷之事如风中转烛,谁都无法预测,与李家联姻,彼此或许还能有个照应。

不过,虽已权衡了利弊,婚姻大事还必须按规矩办。赵挺之认为,若就这样去向李家提亲,实在有失体面。毕竟,按照宋代习俗,应该是女方向男方提亲。与夫人郭氏商量之后,赵挺之有了两全的办法。

几天后,一位朝廷官员来到李格非家,将赵家联姻的意愿告诉了李家。自然的,李格非夫妇也要仔细思量。不过,李格非思量的,倒不是自己的仕途,而是女儿的幸福。

李清照才貌俱佳,声名鹊起后引得无数士大夫对她青睐有加。那些日子,到李家提亲的也是络绎不绝,而且大都身份显贵,翰林学士、侍郎尚书,应有尽有。李格非都没有答应,他必须为女儿找个完满的归宿,不想让她受半点委屈。

赵明诚的学识和人品都是无可挑剔的。但是李格非很清楚,他与赵挺之并非同路之人。他们之间,有着永远都填不平的鸿沟。他更清楚,政治斗争太过残酷。他不愿意看到,人淡如菊的女儿,被无端拖入旋涡。

李格非想知道女儿的心意,于是来到李清照房间,问她对赵明诚的印象。刹那间，李清照俏脸绯红，答案尽在眉间。没过多久，提亲的帖子就送到了赵家，赵家也回了帖子。这门亲事就算确定了。

李清照暗自窃喜着。她虽是女子，但对于朝廷党争之事也很了解，在赵家与李家交换帖子之前，她真的无法确定，与那个心仪的男子，是否情深缘浅。

父母之命媒妁之言，按理说，李清照对此是不屑的。于她，所有的条条框框都索然无味。但是，当她得知父母为她选定了赵明诚，心中的不快便荡然无存了。现在她的眼中，花也多情，水也多情。这是幸福的模样。

赵明诚也是如此。忐忑了许久，终于等来了好消息，他喜不自胜。婚期还未商定，他已开始想象未来的生活了。尽管与李清照只是有过匆忙的照面，但他相信，他们会将日子过成诗；而人们，将会艳羡他们丽影成双。

夜却是越来越长，她和他，皆是这样的感觉。

念着某个人，莫名地孤独，便会觉得时光漫长。

仔细想想，李清照与赵明诚，相互倾慕对方的才华，有着共同的感情基础，可谓是志同道合，两情相悦。但仅此还不够，生于官宦之家，尤其是宋朝的官宦之家，纵然情投意合，想要结为伉俪，还需要合适的契机。事实上，诸多顾虑和考量，让无数有情人黯然神伤。

这对才子佳人，应该感到庆幸。仿佛是上天垂怜，给他们预留了空白时间，让他们走向彼此。在他们相遇相识之时，宋徽宗即位。为了平息朝廷纷争，宋徽宗想了个折中的办法，那就是，既不偏袒新党，也不偏袒旧党。所以，次年他将年号定为"建中靖国"。不偏不倚，新党的人和旧党的人都善加利用。至少在那段时间，新旧两党的矛盾的确是有所缓和。

也就是在这种背景下，无论是赵挺之还是李格非，都觉得结为秦晋之好也无不可。倘若是新旧两党争得头破血流的时候，李清照与赵明诚是很难结合的。

当然，虽然说起来俗套，却不得不承认，婚姻需要门当户对。美丽的公主爱上了贫寒书生，高傲的王子爱上了灰姑娘，在许多人心中，这是人世间最灿烂、最浪漫的爱情。不可否认，在社会等级悬殊的情况下，也会有爱情发生，甚至可以惊艳整个世界。

爱情的确有这样的魔力，就像人们说的，可以让人上天入地。

尘埃之下，荒原之上，爱情可以肆意绽放。

婚姻却没这么简单。爱情可以只是风花雪月，婚姻却离不开柴米油盐。

我们必须承认，正常来说，门当户对的婚姻才能更长久。当然，千百年后，门当户对四字，早已有了新的定义。它不仅仅指的是社会地位、经济地位要相当，更重要的是，男女双方在知识水平、思想境界、审美趣味等各个方面不相上下。自然的，灵犀相通最好。

你有你的月满西楼，我有我的夕阳西下。

若是两不相知，便会两处伤神。

婚姻里头，最无奈的是，明明朝夕相对，却仿佛隔着山重水复。

很幸运，李清照与赵明诚，不仅两心相悦，而且彼此相知。后来的故事告诉人们，他们在精神上门当户对。琴棋书画、诗词歌赋，他们的生活里，更多的是这些东西。他懂她的悲喜，她知他的冷暖。

李清照的诗词，赵明诚都读得懂，偶尔应和，虽才华不及，却也能让李清照会心一笑；赵明诚的金石事业，李清照总会给予帮助，从不觉得厌烦。

他们，真正走入了对方的世界，并且不愿出来。

只愿在那里，饮酒赋诗。直到地老，直到天荒。

才女心事

可以说，爱情就是在对方的世界里寻寻觅觅。

寻得了安稳，寻得了欢喜，便是美丽的爱情。

可惜的是，在旧时代，因为横平竖直的规则横亘在那里，爱情总显得漂泊无依。很多时候，爱情只能落脚在始于媒妁之言的婚姻。当然，从朝夕相伴耳鬓厮磨，到相知相随不离不弃，这样的爱情也让人沉醉。但人们神往的爱情，往往是，刹那相遇，彼此坠落，从此世间仿佛只剩两个人。

李清照与赵明诚，初见欢喜，再见依然。可是，即使在婚事已定的情况下，他们还是必须在各自的世界外面兜圈子。幸好，缘分不浅；幸好，他们不是这样的结果：一生一代一双人，争教两处销魂。

有了归宿，按理说应是喜滋滋的，可李清照却有些魂不守舍。碧天如水，云淡风轻，她似乎也了无兴趣。就那样沉默着，世界也仿佛变得沉闷了许多。百无聊赖间，翻开近年词作，看到了那首《浣溪沙》，忍不住思念起来。

秀面芙蓉一笑开，斜偎宝鸭衬香腮，眼波才动被人猜。

一面风情深有韵，半笺娇恨寄幽怀，月移花影约重来。

写这首词的时候，不知道她是否已见过赵明诚。反正，她在她的闺房里，憧憬着美丽的爱情。落到笔端，就是这样细腻到极致的少女情思。

词中的少女，娇俏如花，斜倚着香炉，静静回味着某个甜蜜的瞬间。大概是脑海中的画面太美，心中的欢喜便无法掩饰，终于笑容绽放，如出水芙蓉。眉波流转处，心事尽数横陈，却又怕被人猜出心底的秘密。忐忑羞怯之间，少女情动的模样跃然纸上。

李清照喜欢捕捉生活细节，然后用寻常的字眼进行描述，却因为刹那的美好，诗句总显得灵动自然。落笔成花，是上天对她的恩赐。

词的下阕，少女在等待中渐渐生出了埋怨，却仍是念念不忘，于是放下矜持，以书信寄情。明月上移，花影摇动，她希望，她的心上人可以赴她花前月下之约。

虽是文学创作，但是可以肯定，那时候的李清照，与她笔下的少女有着相似的心思。她向往着这样的情节，向往着某个风神俊朗、才华横溢的男子，给她欢喜，让她羞怯。若是那样，她也愿意如那女子，将心事写在红笺上，约那男子共赴月色黄昏。

只是那时候，她心里清楚，易求无价宝，难得有心郎。

而且，爱情是刹那的烟火蔓延。她不知道，尘缘刻在何处。

淡荡春光寒食天，玉炉沉水袅残烟。梦回山枕隐花钿。

海燕未来人斗草，江梅已过柳生绵。黄昏疏雨湿秋千。

这个春天，她总是这样，几分慵懒，几分感伤。清明时节，窗外春色正好，她却独自待在闺房里。熏炉中燃点着沉水香，轻烟袅绕。和衣而卧，不觉沉沉入睡，醒来的时候，熏香已残，花钿落至枕上，竟已睡了很久。室外春光荡漾，室内沉香烟袅，春思隐约如见。这几句淡淡道来，不事雕琢，却是别有情致。

斗草，又叫斗百草，南北朝时即有此俗。南朝梁宗懔《荆楚岁时记》云："五月五日，四民并踏百草，又有斗百草之戏。"原为端午之娱乐习俗，用草做比赛对象，或对花草名，如用"狗尾草"对"鸡冠花"；或斗草的品种多寡，多则胜，兼具植物知识、文学知识之妙趣，后推广并不拘于此日，尤为妇女儿童喜好。历代文人作品中对此多有描述。

江梅花期已过了，杨柳又正飞花。燕子还未归来，那些天真的女伴，已经按捺不住，走出闺房，去做斗百草的游戏。而她自己，直到黄昏，还是足不出户。默默地看着细雨打湿空荡荡的秋千。只因，心里住了个人。

某天上午，天朗气清。李清照在自家花园里，独自荡着秋千。几分无聊，几分慵懒，任少女的心事在秋千上悠悠荡荡。

她想了很多事。许多人影散落着，许多往事沉浮着，渐渐地，心境不再平静如水。大概是因为，某个刹那，她想起了那个人。那个叫作赵明诚的男子，近来总在远处摇曳她的芳心。许是尘缘如此，匆匆掠过，便成了她眉间心上抹不去的清愁。

些许不安，在心头涌起。对于诗词歌赋，她自然是熟稔于心，甚至可以笑傲于须眉之间。但她不确定，面对烟火生活，与那人相守岁月，她是否仍能巧笑嫣然。毕竟，生活是深奥的哲学，只有才华与热情，远远不够。不过，李清照到底还是憧憬多于担忧。

生活如河流，总要亲自走过，才知其深浅。

以李清照的聪慧与勇敢，纵然有些忐忑，也不会逡巡于生活之前。

就那样荡着秋千遐思迩想，不知不觉间，罗衣已经湿透。这娇喘微微的少女，极是妩媚动人。就在此时，几个人敲门走入了院子。原来，是赵挺之带着夫人和赵明诚登门拜访。李清照既喜又惊，赶忙向门跑去。慌乱中跑掉了鞋子，头上的金钗也滑了下来。

躲在门后面，虽有些狼狈，但是朝思暮想之人就在那里，让她难掩欢喜。于是，倚着门回首，把那人瞧了个仔细，却又做出嗅青梅的模样。

那边，来客已被迎进客厅落了座，并且开始与李格非夫妇寒暄。没多久就说到了正题，并且商定了李清照与赵明诚成亲的日期。双方都是书香门第，同意婚礼从简，略去无味的繁文缛节。

那晚，回味着白天的情景，李清照久久没有入眠。她见到了想见的人，虽然只是羞怯中的偷看，毕竟是见到了。那俊雅的书生，真是让她越看越欢喜。枕着月光，李清照在想，赵明诚是否看到了她狼狈的样子。想着想着，脸又红了。然后，落笔成词，有了那首《点绛唇》：

蹴罢秋千，起来慵整纤纤手。

露浓花瘦，薄汗轻衣透。

见客入来，袜刬金钗溜。

和羞走，倚门回首，却把青梅嗅。

这实在是描写待字少女神态的传神之作，娇羞与率真，矜持与洒脱，尽在寥寥数笔之中。多年以后，说起当日情景，想必李清照仍会在赵明诚的戏谑眼神里娇嗔吧!

世人对这首词颇有争议。喜欢的,说是灵动清新;不喜欢的,说是旖旎荒淫。南宋学者王灼在《碧鸡漫志》中这样评论此词:"轻巧尖新、姿态百出,闾巷荒淫之语,肆意落笔,自古缙绅之家能文妇女,未见如此无顾藉也。"就是说,此词尽是荒淫之语,自古以来缙绅之家的那些大家闺秀、小家碧玉,没有像她这样肆无忌惮的。

李清照只想寄情于文字,却引来无数人品头论足、指手画脚。她的悲与喜,她的笑和泪,都成了别人鉴赏的对象。甚至,还有人怀疑她的品行,这让她很无奈。

幸好,她并不在意。此后的人生中,她还将遇到无数的诽谤与鄙薄。

她的选择是,视之如尘,轻轻拂去,继续她的笔墨人生。

作为才女,填词写诗,是她无悔的选择。夜色之下,风月之前,写繁华落寞,写聚散离合,是她最钟情的事情。至于世人如何评说,她无暇顾及。

这是属于李清照的率真和洒脱。

她知道,任何风景,都不能让所有人停驻。

生活的真谛,在于直取本意,略去细枝末节。

春风十里不如你

锦瑟年华谁与度?曾经,李清照经常这样想。

往往是这样,想的久了就成了忧伤,长长短短,萦绕不断。

现在,她心中有了答案。那个叫赵明诚的男子,将在不久后的某天,携她的手,与她共赴华年。按说,她应是欢喜的。可是,看上去并非如此。帘幕下的李清照,总有些无处摆放的愁绪。

幸福两个字,被她无数次想起。但她实在不知道,所谓的幸福,是否真的触手可及;她也不知道,她认定的那个男子,是否会辜负她灿烂的年华。毕竟,她对他的印象,虽然深刻,却只停留于表面。生活中的他是否如看上去那般温文尔雅,她并不确定。

毕竟,这世上,许多人是戴着面具生活的。

有时候,秀雅的外表下,包裹着的恰恰是腐烂的魂灵。

大概是因为同样的命运坎坷,李清照总让我想起张爱玲。赵明诚之于李清照,好比胡兰成之于张爱玲。不同的是,胡兰成只是流连戏蝶般在张爱玲的世界里来了又去,赵明诚却是真心倾慕李清照的才气与性情。赵明诚给予李清照的,比胡兰成给予张爱玲的要多得多。可惜的是,他未能成全李清照爱情里的完满。后来的许多年,李清照不得不独自飘零,在萧索中老去。

那些日子,李清照总会无端地幽怨。明明婚期不远,她却被某些难以抗拒的心绪牵引着,仿佛身在荒原之上,无法离开,无法归去,就那样走着,寂寞而缥缈。到底,她是个善感的人。对于未来,对于幸福,她是忐忑的。

尘缘那头,站着那个叫赵明诚的男子。儒雅如他,俊逸如他,是她幻想过的良人模样。她知道的是,她早已对他动心。她不知道的是,她的情影,她的风姿,还有她别致的词句,已被他无数次想了又想。

就这样忐忑着,心境起伏难定。满院的春色,深锁着这待嫁女子的凌乱心事。思来想去,回到书桌前,提笔蘸墨,填了一首《浣溪沙》:

小院闲窗春已深,重帘未卷影沉沉。倚楼无语理瑶琴。
远岫出云催薄暮,细风吹雨弄轻阴。梨花欲谢恐难禁。

暮春时节,天色已晚,楼上的窗子始终闲掩着,庭院中未见人来往,窗棂间没有燕穿帘,整个世界仿佛只剩寥落。少女就在偌大的庭院中,孤零岑寂,凄苦难言,一任帘幕低垂。春意与心事,都在沉沉的暮色里,变得阑珊。

在这枯寂愁闷之时,如何遣散愁怀呢?信步走向楼前,凭楼远眺,希望在开阔的自然景象中寻得些许慰藉。却只见白云催暮,风雨弄阴;天色转暗,夜幕将临,与自己沉闷阴郁的心情何其相似。纤指弄琴,仍无法将闲愁驱走。满院的梨花即将凋谢,恐怕连这斜风细雨都难以承受,更让人伤心。

待嫁的李清照,大概不似词中女主人公这般凄清落寞。

不过,闲愁却的确时时在心头,连斜风细雨都解不开。

只有想起赵明诚的时候,她才会心花怒放。而此时的赵明诚,却不像她这样心事浮沉。他只希望,日子可以过得快一些,让他走入那才女的世界,看她月下黄昏的浅笑低眉。婚期越来越近,他已迫不及待。

宋徽宗建中靖国元年(1101),李清照与赵明诚在汴京结为伉俪。在人们艳羡的目光里,这对才子佳人完成了人生最重要的仪式。两处的相思,成了共同的花前月下。那年,李清照十八岁,赵明诚二十一岁。

那日，人间陌上，日光倾城，岁月无恙。

那晚，红烛之下，美人如玉，才子多情。

经过十八年的漫长等待，李清照终于走入了这个夜晚。安和的夜，可心的人，羞怯的心，处处都是恰如其分的美好。楚楚动人，琴心月魂，是她；俊逸飘洒，温雅多情，是他。面对面坐着，不说话，已是千言万语。五百多年后，同样的洞房花烛夜，纳兰容若欢喜无限，于是填了首《浣溪沙》：

十八年来堕世间，吹花嚼蕊弄冰弦。多情情寄阿谁边。

紫玉钗斜灯影背，红绵粉冷枕函偏。相看好处却无言。

没错，相看好处却无言。

迷离的夜色下，李清照身影如画，安静地坐在灯影下，让赵明诚百看不厌。

头上的紫玉钗斜斜地别在发间，俏脸几分微笑，几分羞涩。她斜倚着枕头，明明是看着烛光，却忍不住偷偷地扭头打量面前那个男子。而他，也在看她。眼神交错，都笑了，笑得清浅而温热。

两个人对望着，不说话，却已将所有的心事和情愫，尽数说给了对方。

心若相知，无言也默契；情若相眷，不语也怜惜。

他们，从来都不陌生！

从此，李清照结束了自己的少女时代，开始了人生新的旅程。她感到庆幸，赵明诚表里都是那样，儒雅而真诚。她开始想象，他们携手走过的红尘岁月。她相信，他们的日子将会被诗意和幸福填满。

只不过，世事如冰。不声不响，就能让人百转千回。

聚散与悲喜，往往就在不经意间更迭。

猜得到开头，猜不到结尾，这就是生活。

不管后来怎样，至少，此时他们是幸福的。

婚后，两人感情融洽，志趣相投，互相切磋诗词文章，共同研砥钟鼎碑石。经常会有新奇感悟和发现。虽然为了搜集名人书画和古董漆器，日子过得并不宽裕，他们却乐在其中。

欧阳修有首词叫《南歌子》，是这样写的："凤髻金泥带，龙纹玉掌梳。走来窗下笑相扶，爱道画眉深浅入时无？弄笔偎人久，描花试手初。等闲妨了绣功夫，笑问鸳鸯两字怎生书？"旖旎的词句里，满满的都是幸福。

而此时，赵明诚所拥有的，正是这样的幸福，很显然，他是心满意足的。不仅因为娶了个才华横溢、娇俏可人的女子，还因为，这女子理解他所钟爱的金石事业，更能尽心协助，从而使乏味艰深的金石之学，变成了趣味横生的乐事。对李清照这样的才女来说，这是很难得的。

在爱情的感召下，李清照文思泉涌，佳作纷至沓来，她的诗词创作进入成熟期，并形成了情景相生，形神俱似，体物超妙，绝尘去俗的独特风格。就这样，他们在互相激励与学习的日子里，共同度过了一段美好的时光。

晚来一阵风兼雨，洗尽炎光。

理罢笙簧，却对菱花淡淡妆。

绛绡缕薄冰肌莹，雪腻酥香。

笑语檀郎，今夜纱橱枕簟凉。

新婚燕尔的喜悦，尽在其中。虽然此类略显露骨的词会被许多人指摘，李清照却不在乎。她就是这样，清凌凌地活着，过日子，写心情，潇洒自如。

只是，虽然伉俪情深，也要忍受相思之苦。当时赵明诚还是太学生，平日寄居在校舍，每月只有寥寥数日可以请假回家，李清照不免要独自咀嚼离别的苦涩滋味。不过总的来说，他们是幸福的。人们都说，他们是佳偶天成。

抚琴作画，煮酒写诗，简单的小日子。

她说，有你的地方，就是春天。

他说，春风十里，不如你。

简 单 幸 福

生活不是清风明月，而是深不见底的世事无常。

不知不觉，已是荒草丛生。于是，叹息跟着疯长。

却也有人，悠然行走，醉意翩跹。

就像李清照。人们还在猜测，诗意的她是否会败给烟火生活，她却已经牵了爱人的手，归隐于时光深处了。他们不曾远离柴米油盐，却也没有囚困其中。书画古籍，诗词歌赋，巧妙地填补了生活的空白。加上两心相知，便是说不完的你侬我侬。

生活如戏，总有起承转合；世事如谜，不过聚散悲欢。

只有少数人，能够剪断乱麻，将日子过得轻描淡写。

对于李清照来说，生活是可以在风花雪月中度过的。可心之人在侧，流水清风为邻，生活虽然简单，却也是意趣横生。于是，就连锅碗瓢盆，也不令人生厌。

幸福，不是用来表达的，而是用来体会的。而诗人，却总是忍不住落笔，写花开有声，写西楼月满。李清照便是如此，过着清淡的日子，随手便是几阕词，填了茶香花气，便是无与伦比的美丽。

卖花担上，买得一枝春欲放。
泪染轻匀，犹带彤霞晓露痕。
怕郎猜道，奴面不如花面好。
云鬓斜簪，徒要教郎比并看。

这天清晨，李清照在小巷里漫步，听到卖花郎吆喝，便循声走了过去。李清照买了一枝梅花，枝叶与花瓣上晓露晶莹，看上去楚楚动人。回到家里，对着那枝梅花左看右看，竟看出了几分矫情的担忧：明诚是否会觉得，这枝梅花比我更加美丽？

其实，此时的李清照，年华似水，巧笑嫣然，又是饱读诗书，满腹诗情画意，气质自是清丽而高雅，不是任何浮世之花可比的。她之所以故意猜测赵明诚的想法，之所以故意去嫉妒这枝梅花，不过就是想柔情缱绻地告诉赵明诚，她对他非常在乎。世间许多女子，大抵都是如此，越是在乎某个人，就越是表现得斤斤计较。

同时，李清照也想顺便告诉别人，在赵明诚眼中，她永远是最美的风景。但她的心里，还是忍不住猜想。于是，她将那枝梅花斜插在发间，走到赵明诚面前，带着几分调皮问他，到底，人更美还是花更俏。

聪明的赵明诚，自然会给她满意的答复。似乎是这样，对某些事情，许多女子明明心里有答案，却还是喜欢追问。对她们来说，这就是生活的情趣。倘若一个女子沉默了，没了提问题的兴致，那必是生活黯淡了。此时的李清照，被幸福包围着，所以喜欢在细节中制造浪漫。作为心思细腻的女词人，她总有办法让生活保持最初的清雅别致。

细水长流的日子，无心雕琢细节，就会渐渐走向凌乱，继而无味，最后苍白。

平仄与韵脚，斜风与细雨，是李清照喜欢把玩的细节。

这年四月，李清照与赵明诚到城南禹王台西边参观开封的名胜古迹繁塔。这里原本是一片高地，因所住居民大多姓繁，所以叫作繁台。据传，五代时这里曾建有寺院，名曰"天清寺"。宋太宗开宝年间，将这座寺院加以扩建，新建了许多殿堂和亭台楼阁，同时又在寺内筑了耸入云霄的高塔，便是闻名遐迩的繁塔。从此以后，每逢节日，游客络绎不绝。自然，也总有文人墨客来到这里，登高望远，饮酒赋诗。

谈笑风生之间，李清照与赵明诚已经登上了塔顶。倚着栏杆，极目远眺，云和风都在手边，真是说不出的惬意。看着看着，李清照开始沉思。

仿佛，那样居高望远，就可以将世事浮云看透。

她想起了前人留下的诗词，比如"迥然尘垢隔，顿觉襟抱舒"，比如"千载登临忆枚马，几回沉醉百花前"。爱极了填词写诗的她，不免技痒。

于是心想着，回去后定要写几首诗。然后，她回过头问赵明诚，繁塔有多高。赵明诚说不出，她便打趣道："还有你这个古董专家不知道的？"赵明诚笑道："我们回去翻翻书便可知晓。"李清照微笑点头。

后来，他们说起一桩与繁台有关的旧事。宋仁宗时，翰林学士宋祁去繁台游览，在大街上遇见数辆宫嫔乘坐的车子。没想到，其中有位美人竟掀起帘子，轻轻地叫了两声"小宋学士"。很快，美人飘然而去，留下宋祁在恍惚间怅然若失。

回去后，他填了一首《鹧鸪天》："画毂雕鞍狭路逢，一声断肠绣帘中。身无彩凤双飞翼，心有灵犀一点通。金作屋，玉为笼，车如流水马如龙。刘郎已恨蓬山远，更隔蓬山几万重。"不久后，此词就众口宣传，而且上达天听。宋仁宗下旨查问，那位宫嫔诚惶诚恐地承认是她，并道出了实情。

原来，某次御宴上，她看到俊逸潇洒的宋祁，便记住了他的名字和容貌。那日邂逅，忍不住叫了两声。说完，皇帝让她退下，然后宣宋祁上殿。宋祁深知天威莫测，连称臣罪当诛。意外的是，宋仁宗竟笑着对他说：蓬山并不遥远，未必有几万重。

结果是，皇帝将那位宫嫔赐给了宋祁。事实上，在唐代，有位宫女寂寞时题诗枫叶，被一姓崔的诗人拾得，皇帝知晓后将那位宫女赐给了诗人。无论真假，这样的故事都让人回味。

风情万种的年代，风流婉约的佳话。宋词的天空下，世事翩然如梦。

现在的李清照，就在这样的年代，说着这样的故事。

谈笑之间，岁月无声地经过。春夏秋冬，轮回寂静。

中秋佳节，李清照与赵明诚到花园散步。桂花香气扑鼻而来，李清照兴致油然而生，沉思片刻，吟出一首《鹧鸪天》：

暗淡轻黄体性柔，情疏迹远只香留。
何须浅碧深红色，自是花中第一流。
梅定妒，菊应羞，画栏开处冠中秋。
骚人可煞无情思，何事当年不见收。

世间花有千百种，大都深红浅碧，浓妆艳抹。似乎，不这样便美得不足。而桂花，却偏偏选择静静地美丽着，迹远而情疏。不妖娆，不浓艳，只以馥郁香气，温雅地开着。李清照喜欢这样的淡然与从容，所以不吝盛赞词句。她的清雅脱俗，她的清欢沉静，都在言外。

屈原的《离骚》上多载草木名称，独独不见桂花。或许是始终记得这样的缺憾，于是在这首词的最后，她竟说，《离骚》里不收入桂花，是屈原情思不足的缘故。才女的傲然与恣肆，清晰可见。世人的偏见与指摘，岁月的严寒与荒凉，都不足挂怀。

她只要，浮世清欢。当然还有，简单幸福。

斜阳西下时，渔舟唱晚；飞雪连天日，踏雪寻梅。

这是李清照喜欢的生活。尽管，烟火岁月里，少了些自由，多了些琐事，但她依旧以词人独有的情思，挽着平平仄仄，寻找云淡风轻。

爱着生活，却从不纠缠；爱着时光，却进退有度。

懂得生活的人，自然会与生活保持清风明月的距离。

浅相遇深相知

> 人们说，如花美眷，敌不过似水流年。
> 人们说，风花雪月，敌不过柴米油盐。

往往是这样，在琐碎的生活里，纯粹不见了，诗意消失了，就连最初的誓言，经过岁月的磨洗，也变得杳无痕迹。于是，爱情就只剩下惨淡与无味，像极了苟延残喘。

李清照与赵明诚，经受住了生活的考量。尽管，最终输给了命运，但是至少，此时的他们，是幸福美满的。情投意合的两个人，在岁月的门扉前，种下诗词，种下花草，长出了悠然与缠绵。

婚前，赵明诚曾担心李清照不喜欢他钟爱的金石事业。不过，婚后他发现，这种担心是多余的。大概是爱屋及乌的缘故，喜欢文字的李清照，对金石字画文物收藏，很快就产生了非常浓厚的兴趣。其后，她开始帮助赵明诚收集和研究金石文物。不仅少了空闺寂寥，还找到了别样的快乐。

相聚的日子，他们同游陌上，看京城繁华如梦。赵明诚去了太学，李清照便独自在家，整理金石文物，读书填词写诗。偶尔，作几幅画；偶尔，弹几首曲。虽然清寂，却也自在。

长期与书为伴的人，大都不喜喧嚷。

对李清照来说，与车水马龙相比，庭前月色更加动人。

虽然越来越默契，日子过得清简而富有诗意，有个问题却是李清照和赵明诚不得不面对的。要收集文物，要鉴别文物，就必须去选购，需要经济来支持。当时，赵明诚尚未出仕，经济上仍要依赖父母。

赵挺之虽是朝廷大员，但因为最初的出身是贫寒的读书人，他的家风很严，对赵明诚从不娇惯。而且，赵挺之对赵明诚痴迷金石常怀警惕，担心他太过沉迷，贻误仕途，所以在经济上严格控制。手中金钱有限，赵明诚收集文物颇不容易。

李清照与赵明诚所面临的境况，可以这样说，就是两个穷人在从事昂贵的文物收藏事业。他们说不上特别清贫，以他们的经济状况，过日子是没问题的，但要收藏文物，却是自讨苦吃。对于这些，李清照心里清楚。但是，既然赵明诚喜欢，她就全力支持，哪怕因此面对窘迫的日子。这就是她对他的爱。

浅相遇，深相知。喜欢这样的爱情。

日子越久，相知越深。于是，几乎忘记了自己。

有妻如李清照，是赵明诚三生之幸。

李清照在《金石录后序》里记载，为了收藏文物，他们不得不时常典当衣服。每次赵明诚从太学回来，他们夫妻两人就会结伴到当铺去，夏天典当冬天的衣服，冬天典当夏天的衣服，然后拿着换来的钱，到相国寺的古玩市场去淘文物。淘到中意的物件，回到家之后挑灯夜观，心满意足。日子虽然简朴，却也是充满乐趣。那样的快乐，是无可比拟的。

那日午后，李清照在家里读书，赵明诚满头大汗、气喘吁吁地跑了进来，连袍子都没穿，显得非常狼狈。李清照给他倒了杯茶，又拿着团扇为他扇风取凉。过了片刻，赵明诚喘过气来，恢复了常态。他告诉李清照，买到了两幅苏轼和黄庭坚的墨宝。

对于赵明诚来说，香车宝马、良田广厦，都比不上那些带着岁月痕迹的物件。苏轼和黄庭坚的墨宝，更是让他爱不释手。所以，在市场上看到，就毫不迟疑地买了下来。只是，因为身上带的银两不够，只能将身上穿的锦袍典当了，凑够钱交给卖画之人，然后衣衫不整地跑回了家。

李清照懂他，明白金石书画等物在他心中的分量。等他说完，李清照从箱子里拿出两锭银子，让他去将锦袍赎回来。赵明诚很快赎回了锦袍，并且还带回了几包特产小吃。然后，他们并肩坐下，分享着小吃，开始细细品味新得的墨宝。看上去，分明是两个贪玩的孩子。

也可以说，他们就是两个孩子，天真而自在。沉醉于诗词书画的，都是些灵魂清透的人。若非如此，面对物欲横流，很难做到那样的心无旁骛。世间的许多人，原本是清澈明净的，或者是诗意翩跹的，但是经历了世事起落，渐渐变得世故和庸常。

不是生活太无情，而是人们守不住内心的纯粹。

难怪有人说，万丈红尘，是条不归路。

数月后，有客人到访，拿来一幅画，是徐熙的《牡丹图》。要知道，徐熙是五代南唐最负盛名的花鸟画家。他的作品潇洒飘逸，落笔之际未尝以敷色晕淡细碎为功，只用粗笔淡墨草草勾勒出枝叶萼蕊，略施杂彩，不掩笔迹，而神韵自然生动，人称"落墨花"。

徐熙的《牡丹图》是闻名天下的绘画神品，百余年来许多人都在追寻，却始终未见踪影。没想到，竟然有人送上门来，这让李清照和赵明诚激动万分。不久后，客人告辞而去，却将画留下了，说让他们仔细观赏鉴别，三天以后再来听回音。他还说，画的价钱已在包袱中的字条上标明。想必，赵明诚的人品在收藏界是有口皆碑的，所以客人很放心地留下了这幅绝世名画。

客人走后，李清照和赵明诚马上上楼，取出画卷，挂在墙上，远观近看，赞不绝口。随后，他们又将画从墙上取下放书案上，对纸质、印章、款识等做了认真的鉴别，确定为真品无疑。

欣喜之余，李清照想起了客人临走时说的话，于是打开装画的包袱。果然有字条在其中。然后，她看到了那个让她咋舌的数字：二十万。她被震得目瞪口呆，犹豫了片刻，将纸条递给赵明诚，赵明诚也非常吃惊。但是仔细想想，以徐熙的名气，画又是极难得的神品，这个价钱也算正常。

可他们实在无能为力。事实上，李清照后来回忆说，在当时的京城，即使是豪门贵族子弟，也很难马上拿出二十万。何况是他们这对简朴的夫妻！

囊中羞涩，徒叹奈何，却又恋恋不舍。他们只好细细观摩了两个晚上，最后在连声的叹息中将画奉还给了那位客人。为此，夫妻两人数日若有所失。不过，他们终于还是放下了。他们知道，不属于自己的东西，是不该强求，亦不该眷恋的。

这世上，有许多东西是可望而不可即的。

斜阳晚照，月光如水，皆是如此。

放下之后，李清照与赵明诚又回归到了平静的生活里。冬天，他们双双出现在雪地上。并肩而立，看梅花映雪。不说话，画面已是美不胜收。黄昏，人已离去，雪地上只剩深深浅浅的脚印，连着曲曲折折的岁月沧桑。长夜灯下,李清照摊开宣纸,记下了日间的心情。

雪里已知春信至,寒梅点缀琼枝腻。
香脸半开娇旖旎,当庭际,玉人浴出新妆洗。
造化可能偏有意,故教明月玲珑地。
共赏金尊沉绿蚁,莫辞醉,此花不与群花比。

疏影横斜,暗香浮动。是梅花,亦是词人自己。

她永远都是这样,如傲霜之梅,不与庸人论短长。

更深的夜,赵明诚拿着李清照刚填的这首词,轻声念着,心悦诚服。他对她的倾慕,从始至终,未曾变过。他知道,做才女的丈夫不容易,还要经常遭遇冷眼。但他,就是喜欢。

总之,李清照与赵明诚,无需对谁证明他们的爱。他们的幸福,是纯真淡泊的,亦是清雅别致的。那是情投意合的美丽,不是谁能模仿出来的。

这是他们熟悉的似水流年,诗词书画为伴,日月草木为邻。

你为我烹茶,我为你写诗。无须锦衣玉食,无须广厦良田。

有花、有月、有诗,这才叫日子。

第三卷：红尘世事皆如梦

世间所有的美丽，都经不起无常的算计。
刹那之间，风云变幻，流水落花。
人间已不是从前的模样。

突然西风萧瑟

世事飘摇无定，岁月深不见底。

突然沉默，满地落花。故事里头风烟散漫。

庭院里的琴声悠扬，巷陌间的浅酌低唱，层楼上的杯酒清欢，月光下的私语缠绵，都软得似纱，风吹即乱。小楼的明月下，才子佳人还在相看两不厌。填词赋诗，赏画读书，他们有着无与伦比的幸福。

仿佛，世事纷扰，岁月凌乱，都与他们无关。

突然间西风萧瑟，外面的世界飞花落月，扰乱了所有的宁静。

李清照大概不会想到，如诗如画的生活仅仅持续了一年多，就会遇到风雨。她有些措手不及，却也只能默然面对。生活就是这样，不经意间已是荒草连天，除了在荒草间寻觅栖身之所，似乎别无他法。

其实，李清照与赵明诚的幸福，本就是在乱流中筑起来的。伏笔早已埋在最初，他们的婚姻之船随时都会遭遇风浪。政治世界里的片刻留白，给了他们结为眷属的时机，但是毕竟，争斗并没有停歇。朝廷里边，虚伪与诡诈，算计与倾轧，仍旧清晰可见。

所谓的现世安稳，不过是短暂的岁月如歌。

朝廷新旧两党的斗争缓和了没多久，此时又变得异常激烈，社会矛盾也是日益尖锐。为了改变这样的局面，宋徽宗改年号为崇宁，任用蔡京为相，试图恢复熙宁年间王安石所推行的新法。

蔡京这个人，在政治上非常善于投机。司马光执政时，他积极参与破坏新法；章惇为相后，恢复新法，他转而依附章惇。后来，他被贬到杭州，又因大官僚童贯的引荐，得到宋徽宗赏识，再度起用。对于大宋朝廷来说，重用这样的奸佞之人，无疑是悲剧。可叹的是，这样的小人比比皆是。他们上下其手，让整个朝廷乌烟瘴气，忠厚清廉之人往往找不到落脚的地方。

万里河山的顶端，宋徽宗揽着美人的纤腰，在混乱的光阴上写写画画，看不到黎民疾苦，听不到马蹄声乱。而他的身边，童贯、蔡京、李彦等人上蹿下跳，苦心孤诣地算计着。他们开始对旧党人物尤其是哲宗元祐年间曾经得势的，比如苏轼等人以及他们的弟子，展开疯狂的打击报复。他们将苏轼、司马光、文彦博等百余人定为元祐奸党，并由宋徽宗亲自书写刻石，称为"元祐党人碑"，立于宫殿门外。意思很简单，就是要让这些人永世不得翻身。

不幸的是，李清照的父亲李格非就在被打击的人之中。作为苏轼的门生，李格非与苏门四学士中的晁补之、张耒等人常有往来，而且他生性耿直，对蔡京等人常有不满之语，又不肯参与编纂元祐奏章，所以在这场政治斗争中，他遭受到了沉重的打击，名字被刻在了党人碑上。

崇宁元年（1102）李格非遭到贬谪，先是由礼部员外郎外放为京东提刑。两月后，朝廷重定元祐党籍名单，李格非被罢免了京东提刑之职。按规定，元祐党人不许住在京城。他只好携眷回归故里。

与他境遇相反的是，那几年的赵挺之，却是青云直上。赵挺之属于蔡京集团，在政治上也如蔡京那样，非常善于投机之道。他力排元祐党人，曾经弹劾过苏轼，有时依附章惇，有时依附蔡京。就是依靠这样的手段，他不断得到升迁，几年之后就爬上了宰相的高位。

宦海里头，几乎没有是非对错可言。

有的只是浮沉起落，以及无休止的幻灭与重生。

这里，没有知己，没有情怀，只有看不见的刀光剑影。觥筹交错，谈笑风生，都是不得已的戏码。放下酒杯，你有你的信仰，我有我的阵营。

在政治的风波里，所谓的秦晋之好，没有任何分量。现在，李格非与赵挺之分属水火不容的两派，就像他们曾经顾虑的那样。李清照与赵明诚就在这场漫长的斗争中，品尝着世事难测的苦楚。

明净如水的光阴，转眼间就变得残破不堪了。

他们的幸福，被世事烟云裹挟着，走向了黯淡。

父亲身陷党争之中，被不断贬谪，李清照非常难过。但她只是个弱女子，纵有玲珑之心，笔下丘壑万千，但是对于朝廷之事，对于官场争斗，她显然是无计可施。那段日子,她是在惊悸中度过的。看着日渐憔悴的她,赵明诚很是心疼,他向父亲求情,却被父亲轻描淡写几句搪塞得无言以对。

为了解救父亲,李清照不得已只好亲自向赵挺之求情。南宋有个人叫张琰,他在给李格非《洛阳名园记》写的序文中有这样几句:"女适赵相挺之子,亦能诗,上赵相救其父云:何况人间父子情,识者哀之。"

李清照的心思很简单,她希望赵挺之看在她这个儿媳妇的面子上,同时看在天底下子女都希望父母平平安安的面子上,能够对她的父亲施以援手。

她终究是太年轻也太单纯,官场是冰冷的地方,看得见血迹,看不见人情。当时的新旧两派,早已争斗多年,每次交锋都有无数生命凋零。在官场混迹多年的赵挺之,绝不会为了私情而冒险。

果然,李清照去见赵挺之,还没开口,赵挺之已经猜出了她的来意,先说出了自己的无奈。李清照的请求,自然是石沉大海了。她垂头丧气地走了出来,赵明诚看她的神态便知结果。两人面面相觑,无奈地回到房间,相对无语。

那日,李清照越想越生气。愤懑在心,不吐不快,于是写了首诗,对赵挺之的冷漠无情进行了嘲讽。南宋著名学者晁公武,在《郡斋读书志》这部专著里边提到了这件事。他说,李清照在向赵挺之求援未果之后,所写的诗中有这样的句子:炙手可热心可寒。

杜甫的《丽人行》里有相似句子:炙手可热势绝伦,用以讽刺杨贵妃、杨国忠兄妹。李清照借用词句,就是想对赵挺之说:你的手里的权力太多也太重，你不觉得烫手吗？你的手心越发烫，我的心里越寒冷。

这就是李清照，她当然知道，这样的诗句，不仅会让赵挺之难堪，也会让赵明诚难以自处。但是没办法，率真的她，从不喜欢掩饰，也从不在意旁人看法。往日填词写诗，她就肆意畅快，不惧世人鄙薄。现在，表达对赵挺之的不满，她也是毫不迟疑。行事磊落率性，这就是李清照的可爱之处。

只是现在，她的确是心寒了。世事无常她是知道的，官场纷争她也有所耳闻，却不料，人情可以凉薄至此。对她来说，这必然是个死寂的日子。人性二字，让她陷入了沉思。

倚着窗，沉默着。她的世界仿佛突然间陷落了。

碧天如水，月白风清，她都不愿理睬。

悲伤落地，静默无言。

人生如修行

红尘异地，我们皆是过客。

遥远的旅程，有未知的山高水长。

或许，有起有落，才算是完整的人生。花有开有谢，月有圆有缺，世间本就没有不变的月圆花好。若是永远云淡风轻，似乎也少了些滋味。

人生如修行。不经历风雨飘零，就做不到真正的从容。

年轻的李清照，不经意间遭遇了那场暴风骤雨。她必须在这样的变迁中学会承受。生命本如尘,能承受多少重量,就能透出多少光华。假如没有经历世事洗礼,没有那些孤苦伶仃的岁月,李清照恐怕很难经得起大浪淘沙。

　　生活冷冷地站在那里,李清照也是冷眼以对。无忧无虑的日子突然逝去,眼前只有看不到头的岁月无垠。现在的问题是,不仅李格非被罢官,就连李清照自己,作为罪臣之女,也是处境尴尬。冷眼与讥嘲,鄙薄与指斥,围绕着这个清淡女子,让她十分无奈。

　　这是李格非离开京城的日子。深秋,西风萧瑟,落木萧萧。阴沉的天空下,京城繁华如旧。古老的城市里,来来去去的过客行人,无声无息的车水马龙。聚散悲喜,都在悄然上演。

　　汴河的水悠悠地流着,几分懒散,几分凄凉,像极了婉约的宋词。虹桥畔,几个身影停下来,在瑟瑟的西风里,凄然道别。李格非带着家人走了,李清照站在原地,望着他们离去的背影,不知不觉已是泪眼婆娑。

　　无论何年何月,离别总让人悲伤。李清照天性敏感细腻,每次面对离别都忍不住心事黯然。更何况,离开的是对她宠爱有加的父亲。对李格非来说,离开京城,离开勾心斗角的朝廷,回到明水故里,过几天安宁的日子,正合了他的心意。虽然缺衣少食,至少远离了尘嚣。

　　但是李清照却心事难平。悲伤着,愤懑着,她在那里站了很久,想了很多事情。对她来说,这些日子是有生以来最昏暗无光的。父亲为国操劳几十年,到头来换得个奸党逆臣的名声,她实在想不明白。她不知道,年迈体弱的父亲将如何面对此后清贫的日子;她不知道,以罪臣之女的身份,她如何在赵家立足。

暮色下的人间，如寻常般，恢复了宁静。

李清照却无法让自己平静下来。相反，她的心中，满是不安和悲愤。

万家灯火，温暖着许多人，却也让许多人沉默。

李清照病倒了。她多日高烧不退，没有任何食欲，身体虚弱到了极点。请了不少医生，都说是外感风寒，内结怨气，如果解不开心结，吃药调理都无济于事。家里人都来劝解，都无法让她消除内心的郁结。

那些天，赵明诚从太学回来，走到李清照身边，看她病怏怏的样子，心里十分难过，却又想不出办法。那样冰冷的岁月，他是李清照仅剩的依靠。虽然无法让李清照远离病痛折磨，但是他在她身边，粲然微笑，软语轻言，便是无比的温暖。

就像人们说的，心病终需心药医。李清照只有亲自扫尽心中阴霾，才能遇见风清月朗。许多个日子，她都在沉思。身体虽然虚弱，思绪却非常清晰。世事迷离辗转，岁月沉浮冷暖，在她脑海中转了无数遍。终于，她想开了。仿佛，暗夜之下，突然遇见了灯火。她突然间长大了。明白了人生如梦，也明白了世事无常。

小楼听风雨，雨巷看杏花，生活可以是这样。

但那，都是经不起风雨的美丽。

真实的生活，聚散悲喜，都是寻常之事。悲伤落寞，苦恨缠绵，都不能让光阴停下脚步。那么短的人生，那么长的光阴，沉湎于过往，会错过前头的风景。

李清照明白了，时光可以疗伤，也可以让许多真相浮出水面。她知道，阴雨虽让人伤神，总有云开月明的时候。因为这样的豁然开朗，此后李清照笔下的文字，对人生与世事有了更深的思索。

朝廷之中，党争仍在继续。旧党中人，贬谪的贬谪，罢免的罢免，很少有人能避开祸端。在这样的纷争里，能免遭涂炭继续活着，已是万幸。远离争斗回归故里无疑是奢望，所以，李格非或许应该庆幸。

作为新党重要人物，此时的赵挺之正是春风得意。政治，是他最愿意置身其中的游戏。至少在那几年，他是可以笑傲于朝野的赢家。但他心里也清楚，朝廷之事瞬息万变，随时都会峰回路转。

玩弄政治的人，最终也会被政治玩弄，这是必然。只不过，天生的政客，总喜欢在尔虞我诈的日子里，寻找生命的快感。对他们来说，立于万人之上，是无与伦比的荣耀。

李清照在赵家的日子越来越艰难。想必，那些循规蹈矩的女人，原本对她这个才女就颇有微词。如今，她家道中落，几乎成了飘零之草，对她就不吝冷漠与不屑了。

幸好，赵明诚待她如初。想要借父亲之力援救李格非未果，赵明诚始终觉得对李清照有愧。他对父亲赵挺之很不满，却又无可奈何。父亲是当朝大员，性格又是冷漠而决绝，而他那样文弱，只喜欢摆弄金石字画，有了这样的比对，赵明诚在父亲面前，就只有瑟缩着沉默的分儿了。

对于父亲近乎冷血的行为，赵明诚无力抗议和指责，但他的政治立场却分明与赵挺之不同。在那场打击元祐党人的风暴中，朝廷下了诏令，毁掉苏轼、黄庭坚等人以及他们门生的诗文集子，无论官员还是平民，不许收藏和阅读他们的诗文作品。在这种背景下，赵明诚却还在收集苏轼和黄庭坚的书画和诗文。

以他文弱的性格，这样的行为绝不是为了向父亲抗议。他对政治不感兴趣，也不会以政治立场来论人的优劣，他只是喜欢收藏。尽管如此，他这样做，对李清照来说，已是莫大的安慰。毕竟，李格非与苏门弟子之间关系密切。

然而，赵明诚虽然不喜欢父亲的政治游戏，却不得不活在父亲的荫庇之下。他的前程，他的未来，都必须由赵挺之来决定。既然如此，在赵挺之苦心的算计里，李清照与赵明诚之间，必然会出现裂痕。

这年冬天，陈师道病逝。赵明诚与陈师道交情不浅，他不像两位兄长那样，坚决维护父亲的政治立场，不与旧党人物交往。对此，赵挺之经常责备他。陈师道的忌日，赵明诚去给他行祭，李清照想同去，却被赵明诚的母亲拦住了。

赵明诚去了，李清照独自在家，很是落寞。她已习惯了这样的落寞，偌大的赵家庭院，她像是被遗忘在角落里，整日与书为伴，却没了曾经的悠闲。大概是太无聊，她打开了赵明诚的公文包。里面放着的那份官员家庭及社会关系的公文表格，让她突然间很难过。表格上所有栏目都填上了，唯独岳父一栏空白着，姨母一栏也没了陈师道的名字。

政治斗争中，成王败寇或许就决定于某些细节，赵挺之非常明白。他必须让赵明诚斩断所有不该有的关联，以前程为重。赵明诚虽然不喜欢人生被安排，却又无法违拗父亲的意思。他很郁闷，无法对父亲说不，便只能在李清照面前遮遮掩掩。他们之间，渐渐有了距离。

这天，距离更是突然间拉大了许多。赵明诚对她的爱，李清照从未怀疑过。即使如此，看到那份表格，她还是伤心了。原来，父亲的罪臣身份，到底还是成了赵明诚避讳的问题。不管是出于本意还是被父亲所迫，这都让李清照难以接受。

不过，李清照并未戳破表格的事情。她不想让赵明诚难堪。

那晚，两个人几乎没有说话。外面是沉默的冬天。

想起许多事，忘记许多事。心情终是无法拾掇。

北风萧瑟，吹梦成霜。

离情别恨难穷

万水千山，蓦然回首。

你为我过尽云烟，我为你倾尽温柔。

爱情原本是美的。小楼月下，把酒临风；飞雪之日，踏雪寻梅。这样的画面，美得让人窒息。可是这世上，总有爱情无力承受的山重水复。

李清照与赵明诚爱得深沉，携手将日子过得翩然若诗。但是现在，清浅不见了，欢颜不见了。他们之间，看似平静，却有了隐约可见的疏离。相对的视线，也不似从前那般温柔。在世事风波里，他们的爱情已开始颠簸。

沉默越来越多，李清照渐渐感到了无助。除夕之夜，她独自在书房，几卷诗书，几杯淡酒，虽然孤独，至少不需面对那些势利之人的嘴脸。万家灯火，星星点点，照着她年华深处的凄凉。

崇宁二年（1103）九月，朝廷下诏，元祐党人以及他们的子孙，不能在京城居住，也不能在京城做官，其他官员不能与元佑党人联姻。若已经定了亲，只要尚未交换聘礼和聘帖，就必须退亲。

　　李清照的处境越来越难了。与赵明诚之间，所有的相敬如宾，都带着几分无可奈何。朝廷诏令就在那里，李清照心想，以自己的身份，继续留在京城，也许会给赵明诚带来不必要的麻烦。同时，对远方家人的挂念与日俱增。

　　思来想去，李清照决定离开京城。当她提出回明水省亲，赵家人毫不迟疑地答应了。很显然，为了制造政治上的所谓清白，他们早就想让这个罪臣之女离开京城了。赵明诚也没有格外挽留，他很清楚，那些日子李清照过得憋屈，他希望她在远离纷扰的地方，可以找回曾经的悠然快意。

　　他们在风中作别，没有多少言语。

　　陌上云烟，将两个身影隔开，往事萧萧。

　　对李清照来说，这是最没有情怀的离别。有寒蝉凄切，却没有黯然销魂；有长亭短亭，却没有执手相看泪眼。就那样默默地离开，仿佛他们从未爱过。可是，心中莫名而来的疼，却分明是不舍的证据。

　　终于，李清照回到了阔别五年的故乡。山水云烟，斜阳草树，依旧静静地守着时光。依稀想起，雨声潺潺，少女漫卷诗书，听着雨打残荷的声响，恬然入梦。那是她的年少时光。那时候，永远都是莺飞草长，永远都有蝴蝶流连。

　　而如今，她已不是那个无忧无虑的少女。

　　只是数年，岁月已经泛黄，纸页上长出了荒草。

　　明明爱得铭心刻骨，可是细想近来之事，恍如身在梦里。尘缘与爱恋，都不知从何说起。驳杂混乱的人世，有时候爱情只如易逝之烟花。李清照与赵明诚之间的故事还未结束，事实上永远都不曾结束。多年之后，仍有人羡慕他们西窗下的卿卿我我。

只是，风雨未央的年代，爱情也需要休养生息。

父亲暮年罢官退回乡野，李清照总是担心他难以熬过那些艰苦的日子。这次回乡，她从京城为父母带回了不少食物和衣料，也为李远带了不少书籍。让她欣喜的是，家里的日子虽然简朴，却是平静散淡。

远离喧嚣，布衣素食；日升日落，花谢花开。

生活原本无须浓墨重彩。寥寥几笔，画出茅屋炊烟，画出小径斜阳，便有说不完的恬静悠然。繁华闹市，酒绿灯红，让人沉醉，却也让人迷惘。世间有太多人，自困于名缰利锁无法自拔，日渐憔悴，而不能跳出繁华之外，去看看远处的山光水色。多可悲！

虽然被罢了官，李格非并未消沉。相反，回到明水后，他很快就找到了清静之乐。几亩田地，几卷诗书，流水断桥芳草。突然发现，这才是他喜欢的日子。至于朝堂之事，自有当政者关心。他关心的是，枝头桂花，是否可酿清欢之酒；天边明月，是否能赴清夜之约。

作为苏轼的门生，对于苏轼的生平之事，李格非是了解的。当年，苏轼遭诬陷被贬谪到黄州，本该是拣尽寒枝无处栖身，只有叹息寂寞沙洲冷的分儿。可他，硬是在那个荒僻之地，筑起了属于他的牧歌田园。东篱采菊，南山种豆，看上去俨然是五柳先生的做派。

后来，苏轼被贬到了更荒凉的地方，仍是举着酒杯摇摇晃晃，醉意中化解了所有的忧愁。对于生活，他的理解是这样的："莫听穿林打叶声，何妨吟啸且徐行。竹杖芒鞋轻胜马,谁怕。一蓑烟雨任平生。料峭春风吹酒醒,微冷,山头斜照却相迎。回首向来萧瑟处,归去。也无风雨也无晴。"

无论阴晴雨雪,任意南北东西。这是苏轼的性情。人生中总有凄风苦雨之时。不同的是,面对低谷,有人消沉冷落,有人随遇而安。李格非虽不似自己的老师那样豪放豁达,却也懂得恬淡处世的道理。所以,失意之时,他选择了悠然度日。

读书写诗,莳花种草,他喜欢这样的生活。除此之外,每天主要就是教李迒读书。他知道,人可以无功名于身,却不能无学问于心。事实上,看惯了官场争斗,李格非的心里是矛盾的,既希望李迒能够出人头地,又不愿意让他遭受宦海浮沉之苦。

回到明水后,李清照的心境渐渐平和了。这熟悉的地方,安放着无数清澈的往事。

只需轻轻打捞,就能遇见曾有的细雨斜风。

她也不必在回忆里盘桓。几年以后,此间物事,仍旧记得她。

然后,她明白了,最深情的,莫过于山水草木。

李清照,经历了心事的低回,终于又真心地拾起了书卷。不久之后,流转的才思就蔓延开来,落脚的地方,有清风依旧,有往事倾城。

读书填词之余,她有大把时间来写字作画。这段时间,她的书画有了长足的进步。有诗词书画做伴,她的日子倒也不算寂寥。尽管如此,某些瞬间,她还是会想起远方,想起赵明诚,想起他们曾经的幸福。她对他的爱,始终如初。七夕之夜,夜色如水,往事历历在目,让她辗转难眠。想着想着，整颗心就被离愁占据了，于是填了首《行香子》：

> 草际鸣蛩，惊落梧桐。正人间、天上愁浓。
> 云阶月地，关锁千重。纵浮槎来，浮槎去，不相逢。
> 星桥鹊驾，经年才见，想离情、别恨难穷。
> 牵牛织女，莫是离中。甚霎儿晴，霎儿雨，霎儿风。

只是初秋，却因为思念在心，感觉到了满世界的凄凉。有声的秋蛩，无声的落叶，让离愁越来越深。牛郎与织女隔着银河，虽年年都能相遇，却也只是匆忙的照面，其余时间则犹如浩渺星河中的浮槎，游来荡去，无法相会聚首。想起这些，再想想自己，忍不住悲从中来。

离愁别恨，向来如此。隔着山高路远，就像隔了沧桑。更何况，李清照与赵明诚之间，除了遥远的路程，还有无法填平的沟壑。两颗心虽然默契，终究敌不过世事如霜。

此夜的李清照，注定要在思念中凄凉。

能让她稍感安慰的，大概只有秦少游那两句：

两情若是久长时，又岂在朝朝暮暮。

为君倾尽温柔

> 生命如歌。抑扬顿挫之间，美人已迟暮，少年已白头。
> 风流缱绻，恣肆汪洋，都会在时光里慢慢陈旧。
> 总有人，在西楼上，披着月光，写美人如旧，写岁月如诗。

不知不觉，李清照在故乡明水已经两年了。离思在心，日子很是漫长。不过，除了常被离愁缠绕，生活倒也清闲。虽是粗茶淡饭，却又风清月明。看看书，写写字，填填词，笔墨春秋永远都带着几分雅致。而且，自从嫁给赵明诚，她很少有机会陪伴父母，这两年总算是了了心愿。

偶尔，李清照与父亲闲谈，说古今聚散，说轮回变换。陶渊明和苏东坡，是他们最喜欢谈及的人物。此时的李格非，对世间之事看得很透，他知道，叱咤风云，万人仰望，比不上几卷诗书。他告诉李清照，不要沉湎于过往，要学会淡然生活，行到水穷，坐看云起。

远处的朝堂上，政治斗争仍在继续。烟云弥漫，让人看不清黑白。献媚争宠，勾心斗角，玩弄政治的人们，扮演着各自的角色，极尽表演之能事。

可惜，在皇帝眼中，他们终究只是棋子。宋徽宗，这位喜欢吟诗作画的帝王，看上去总是被那些奸佞之臣玩弄，但是偶尔睁开眼睛，看看凌乱不堪的朝廷，随意走几步棋，就能让那些自诩聪明的政治家们欲哭无泪。

崇宁四年（1105）三月，赵挺之升任尚书右仆射兼中书侍郎。宋神宗元丰时期改制，废除了二府三司制，以左、右仆射为宰相，左仆射兼任门下侍郎，右仆射兼任中书侍郎。

也就是说，赵挺之位居宰相，与蔡京平起平坐。不过，政治的舞台上，没有风平浪静。对付旧党的斗争结束，当权者很快就开始争权夺利了。赵挺之与蔡京之间，斗争已在无形中开始。

五月，朝廷下诏解除对元祐党人父兄子弟的禁令。对李清照来说，这无疑是守得云开见月明。两年的漫长等待，看起来悠然，却也是煎熬。毕竟，对这个才女来说，与心爱的男子琴瑟和鸣，才是最写意的日子。故乡虽然山明水净，却解不开离愁别绪。

不久后，李清照回到了京城。赵明诚就等在那里。

若不是因为这男子，满目的京华烟云都无意义。

重逢之日，虽然欢喜，却不浓烈。她在他的面前站定，还未开口，已是泪眼蒙眬。他携了她的手，回到了他们的故事里。两年时间，故事沉默着，风月沉默着。现在，仲夏夜的梦里，又有了两个携手花间的身影。

李清照的故事里，是必须有赵明诚的。就像，卓文君的故事里必须有司马相如；就像，李香君的故事里必须有侯方域。不论结局如何，有了那样的尘缘，她们的故事才格外动人。在李清照心里，赵明诚是最温暖的栖息地。

如果可以，她愿意永远停泊在那里；

如果可以，她愿意为那男子倾尽温柔。

夜色下，两个人相依着。不说过往，不说未来。经历了那些事，他们都知道，过去未来都太缥缈，只有眼前的幸福最是真真切切。

自然的，他们也不说永远。

毕竟，永远太远，除了时光，无人可以抵达。

崇宁四年六月，赵挺之罢相。说是身体抱恙，实则是因为与蔡京的矛盾日渐尖锐。蔡京是十足的佞臣，自从登上宰相之位，恶行可谓罄竹难书。不仅大肆搜刮民脂民膏，还大搞党派之争，从中窃取大权。同时，他堵塞言路，把醉生梦死的宋徽宗孤立了起来，因为上书进言而获罪者近万人。

蔡京喜欢拉帮结派，将自己的亲信安插到重要位置，朝纲几乎成了摆设。而且，他经常请皇帝御笔下旨，打着皇帝的招牌弹压百官。有功便揽入怀中，有罪则推给皇帝。总之，因为他的上下其手、倒行逆施，从朝堂到民间，都是怨声载道。

对于蔡京的所作所为，赵挺之早在担任门下侍郎的时候，就经常向宋徽宗告密。升为宰相之后，赵挺之更是屡次陈述蔡京之误国害民行径，宋徽宗肯定了他的看法。此次罢相，其实是以退求进。宋徽宗虽然明知蔡京贪婪奸佞，却不能立刻弃用，又不想放赵挺之外任，让蔡京独揽大权。所以，他给了赵挺之极高的虚衔，让他留居京城，以便遏制蔡京。

赵挺之罢相后，受到了皇帝的格外恩赐，三个儿子也各有封赏，在朝廷谋得了不错的差事。赵明诚被授予鸿胪寺少卿之职，相当于外交部礼宾司司长。令赵明诚高兴的是，因为兄长赵思诚掌管皇家文书，再加上父亲位高权重，馆阁的官员看在赵挺之的面子上，都会给他几分面子。那段时间，他可以大量借阅皇家的书画和典籍。

李清照回到京城后，生活又恢复了平静。

仍然是那样，有花有月，有琴有诗。

书香墨香里，日子清淡飘洒。

她又投入了赵明诚的金石事业。赵明诚出仕后，有了固定的经济收入，这对于他们收藏古籍字画，无疑是极大的利好条件。他们大规模收集文物，就是从此时开始的。

就如李清照在《金石录后序》中所言，他们的理想是这样：穷遐方绝域，尽天下古文奇字。为此，他们愿意倾尽所有。最可贵的是，身为女子的李清照，本是吟风赏月之人，却总是在那些古旧物件上寻寻觅觅，若不是出于对赵明诚的爱，她大概不愿如此。她早已想过，对于丈夫的金石事业，她愿意倾力相助。

哪怕，粗茶淡饭；哪怕，布衣荆钗。

只要那男子能够待她如初，就好。

她的心思永远都是这样，清澈如水，不含渣滓。

崇宁五年（1106）初，蔡京被罢相，赵挺之复出为相。

朝廷毁掉了元祐党人碑，继而下诏，大赦天下，废除元祐党人所有禁令。对于前几年被贬谪和罢免的官员，朝廷都重新起用。李格非却并未返回京城。他年过花甲，早已厌倦了险恶的官场，远离尘嚣几年，越来越喜欢清静日子。他只想这样生活：养花种豆，饮酒读书，不问庙堂消息。几年以后，他在悠然之中，离开了人世。

事实上，不仅是李格非，苏门弟子如晁补之、张耒等人，在经历数次党争之后，在仕途上失去了进取之心，都倾向于归隐泉林。党争结束后，晁补之虽然又被任用，却无法忘情于山水，于是辞官回到家乡，修筑了归来园以自娱，自号归来子。

现在，赵挺之又是宰相了，位极人臣，炙手可热。复相那日，大宴宾客，远近亲朋都登门庆贺，相府门庭若市。觥筹交错间，许多人鸡犬升天的愿望清晰可见。只是不知道，在赵挺之失势之时，随他落魄的有几人。

往往是这样，你青云直上，身边总有无数人，说着同甘共苦；你失意萧瑟，就总是形单影只，少有人雪中送炭。终究，人情如纸，有时候比西风还要凉。

李清照不喜欢热闹。相府上下都在欢庆的时候,她却在独自沉思。她早已不是那个青涩女子,倚门回首嗅青梅也早已成了旧事。看过了人间起落,体会了人情冷暖,她对生活有了清醒的认识。因为清醒,所以淡漠。

生活是最深的谜题,答案或许写在彼岸。

那是你我到不了的地方。

孤独不可言说

其实,李清照是孤独的。她的才华,配得上诗酒流连。

事实上,她也的确喜欢诗酒在手。而现实却是,她不得不在婚姻里头,守着那个男子,摆渡春秋。爱情虽美,但是我想,作为才女,李清照必然向往过这样的画面:月下人间,品茗对诗;飞雪之夜,围炉煮酒。

倘若她是个男子,便可以如许多诗人那样,与知交好友,醉卧花间,颠倒迷离。或许,也可以如杜甫那样,不为寻常客人打扫花径,只为至交好友打开柴扉,然后杯酒欢歌,忘了蜚短流长。

对于诗人来说,荒年里头,最能煴暖时光的往往是,三五知己,煮酒倾谈。若可以,李清照愿意置身于那样的情境,在酒意中畅快,在诗意中忘怀。可惜的是,她毕竟是女子。虽然性情洒脱恣肆,终究不能脱略形迹,在须眉之间,谈笑风生。而当时的女子,或者噤若寒蝉,或者庸常无趣,无人与她对饮话古今。

不得不说,这是李清照的遗憾。赵明诚是她的知己,他们的日子也无比清雅。可是，偶尔想起那些风流快意的画面，李清照就会觉得落寞。她是向往自由自在的，越向往，就越不喜欢浮华逼仄的现实。

那些日子，相府之中总有人推杯换盏，但是李清照知道，那不过是无味的应酬，说着言不由衷的话语，掩不住蝇营狗苟的嘴脸。少了真诚与诗意，饮酒就成了俗事。看着人来人往，李清照有些烦躁和苦闷。喝了几杯酒，便沉沉睡去了。此夜的梦中，她步入了仙境，醒来后，梦里情景历历在目，于是便写了首《晓梦》：

> 晓梦随疏钟，飘然蹑云霞。
> 因缘安期生，邂逅萼绿华。
> 秋风正无赖，吹尽玉井花。
> 共看藕如船，同食枣如瓜。
> 翩翩坐上客，意妙语亦佳。
> 嘲辞斗诡辩，活火分新茶。
> 虽非助帝功，其乐莫可涯。
> 人生能如此，何必归故家。
> 起来敛衣坐，掩耳厌喧哗。
> 心知不可见，念念犹咨嗟。

随着晨钟之声，她踏着云霓飘然而行，遇见了心仪已久的安期生，并由他引荐与萼绿华相遇。当然，还有许多飘然如风的仙人，在玉宇琼楼之上，戏谑逗趣，谈笑风生。这样的情境，让李清照流连忘返。

然而，她终究还是从梦中醒转了。想起梦里之事，不自禁地惆怅起来。人们说，日有所思，夜有所梦。兴许是因为，那些日子李清照总是想起岁月长河里那些诗酒唱和的画面,所以会做那样的梦。又或许,根本没有这个梦,只是纯粹的幻想。反正,亦真亦幻之间,李清照的惆怅是清晰的。

毕竟,那是个纷扰不休的世界。

而她,是那样婉约清雅的女子。

不过,她只是偶尔惆怅。总的来说,有赵明诚的日子,她是幸福的。这天,李清照在书房中研究字画。为了弄清楚一幅字的落款,她拿了八种与之字体相近的作品,仔细地进行比对研究。看上去,她已是个十足的金石字画研究者。她知道,那些物件里头,有岁月流过的痕迹。

她是真的喜欢上了这件事,并能够沉醉其中。因此,她的幸福,没有装扮的成分。当然,也有人不这样认为。有个美国人,本名是斯蒂芬·欧文,中文名叫宇文所安,是大名鼎鼎的汉学专家。他写过一本书叫《追忆:中国古典文学中的往事再现》,对李清照的《金石录后序》进行了详细的探讨,最后得出结论:李清照根本无幸福可言。

就李清照与赵明诚共同研究金石字画的快乐,他也不以为然。他说,在最初的日子里,李清照夫妇收集和欣赏古旧书画碑文的欢乐是单纯的,但随着藏品的丰富,赵明诚越来越认真,最终会患得患失。而李清照,则会觉得乐趣越来越少,最后成为负担。于是含蓄地说,喜欢文物的收藏家与喜欢钱财的守财奴,没有什么不同。

宇文所安还说,到后来,李清照看书都需要向赵明诚请示,登记造册,然后小心翼翼地拿出来。如果书籍弄脏了,还要受到惩罚。这样的猜测,就有些信口开河的意思了。赵明诚虽然酷爱收藏,还不至于这样悭吝。

这世上，无论你多幸福，总有人半信半疑；

反过来，无论你多凄惨，总有人幸灾乐祸。

李清照正在对着那幅字出神，赵明诚进来了，身边还有个五十多岁的老者。这个人其貌不扬，但是目光如炬，竟是大书法家米芾。片刻的寒暄之后，他们的话题就转到了书画上。李清照抓住机会，请米芾帮助鉴定那幅字的落款到底是何许人。经米芾简单指点，李清照马上断定，这幅字出自欧阳询之手。

米芾夸她冰雪聪明，并且说："可惜你是个才女，倘若你是个才子，我定会收你为弟子。"虽然话语中有对女子的轻视之意，李清照倒也不以为意，莞尔一笑，说道："才女不敢当，弟子却是非当不可！"话语投机的两个人，谈得不亦乐乎，旁边的赵明诚竟插不上话。要知道，李清照是喜欢安静的，很多时候她更愿意用文字来表达。能让她打开话匣子的人实在不多。

那日，他们无意间说起了五年前离世的苏轼，都不胜唏嘘。当年，苏轼被贬到黄州，建了自己的别院，取名为雪堂。就在那里，米芾和他相识，并且谈论诗画数日。后来，苏轼的仕途峰回路转，在京城过起了诗意的日子，米芾在内的许多文人雅士，时常流连于他的书斋。饮酒倾谈，写诗作画，说不尽的陶然快味。

说起这些，米芾感慨万千。李清照也很是感伤。

不过，她所感伤的，更多的是身为女子的种种束缚。

于她，东篱把酒，浅酌低吟，都有难以言说的孤独。

只是，这孤独，不可言说罢了。

赵挺之虽然复相，但是朝廷里头，重要位置上，诸如知枢密院事、门下侍郎、尚书左丞、尚书右丞，还都是蔡京的同党。尽管皇帝以下，赵挺之已经站在权力的顶端，但他还是不能为所欲为，清除异己。因为，宋徽宗对他并不完全信任。

复相后不久，赵挺之就与蔡京嫡系张康国、吴居厚、何执中、邓洵武等人就是否在西部地区用兵发生了激烈的争论。其后，这些人就极尽谄媚和构陷之能事，从各方面诋毁赵挺之。朝廷里明争暗斗日趋激烈，最终，宋徽宗决定再次重用蔡京。

大观元年（1107）正月初七，蔡京复相。赵挺之虽然早有预感，却没想到，来得这么快。虽然此时蔡京与他还分别为左右相，但他很清楚，那个奸佞小人当权，他的好日子所剩不多。那日，他忧心忡忡地回到家里，将消息告诉了家人，大家都垂头丧气。政治斗争之无情，他们是了解的。人在其中，随时都会被碾成齑粉。

作为游戏政治的人，近古稀之年的赵挺之，已没有什么遗憾。此时的他，虽然眼见摇摇欲坠，毕竟还在权力的巅峰。他所担忧的，是儿子们的前程。深思熟虑后，赵挺之认为，与其在斗争中败北成为犯官，不如主动请辞，以保赵明诚等人的平安。

次日，赵挺之呈上了因病请辞的奏折，却未得到批准。更让他无奈的是，不久之后，蔡京的同党们得到了晋升。赵挺之郁闷之余，称病拒绝上朝。终于，这年三月，他被罢了相，因郁结在心，马上就病倒了。

在赵挺之患病之日，李清照时常在旁边服侍，并不因父亲之事而忌恨他。她亲尝汤药，从不让仆人动手。两个嫂子虽也来探望，但因为需要照看孩子，又怕孩子们打扰赵挺之休息，所以，服侍赵挺之的重担，就落在了李清照的身上。

李清照虽然生疏，还是认真地做着。

这个如水的女子，调制起汤药来，竟也是别有风致。

她就是她。吟风弄月，惆怅叹息，都是那个婉约的样子。

远离尘嚣

常常想，我们到底来自何处，去向何方。

或许，根本没有答案。红尘何其遥远，我们何其微小。

我们不过是在人间漫步徘徊，不断遇见也不断离别，不断得到也不断失去。纵有良朋知己，也总要在风起的日子各自西东，然后继续赶路，风尘仆仆。最后的最后，我们仍如来时，两手空空。不管怎样，红尘只是异乡。

最重要的是，以感恩之心，恬淡地活着。

懂得生活的人，不会活在怨艾之中。

现在的李清照，只愿简单地活着，对世事变幻笑而置之。但是那些日子，李清照隐约感觉到，清静的生活不会长久。事实上，那的确是山雨欲来风满楼的日子。只因，他们置身于政治斗争的旋涡之中。赵挺之罢相后卧床不起，赵家上下都惶恐不安。他们都知道，如果赵挺之离世，全家人都将面临倾巢之下无完卵的危险。

宋徽宗大观元年三月末,赵挺之病逝。临死前,他把全家人都叫到跟前做了吩咐,对赵明诚和李清照做了格外嘱托。他说,宦海风云变幻,谁都无法预测前程,潜心于金石文物倒也是个不错的选择,至少可以少经历些风雨。

对于赵明诚尚无子嗣这件事,赵挺之很不放心。他嘱咐李清照,要以赵家香火为重,尽力协助赵明诚。言下之意,若赵明诚为子嗣而娶妾,李清照不应阻拦。李清照含泪答应着,心里却极不情愿。她始终认为,幸福是两个人的事,她不允许别的女子进入她和赵明诚的生活。

赵挺之死后,宋徽宗为了表彰他生前功绩,特意赠封为司徒。然而,赵夫人郭氏向宋徽宗提出请求,希望赵挺之的谥号里有个"正"字,却被拒绝了。最终,赵挺之的谥号为"清宪"。大厦已倾,赵家上下都很惶恐,因为他们看得出,宋徽宗对赵挺之的态度并没有看上去那么好,他也未必能保赵家人周全。

他们已经意料到了危险,却没想到,危险来得那样快。政治斗争就是这样,以风卷残云之势,将许多人、许多事,还有许多完整的记忆,烧成碎屑,沉入岁月。蔡京这等阴毒狡诈之人,自然不会放过这千载难逢的机会。

果然,赵挺之去世不久,蔡京就对赵家展开了疯狂的报复。诬告陷害,无中生有,他就用这种办法,让赵挺之死不瞑目的同时,也让赵家人在京城几无立足之地。

首先,诬告赵挺之多年前在青州时曾有贪污之事,将有关人员拘捕入狱，用尽各种办法严刑拷打，但最后调查结果却是子虚乌有；其次，因为赵挺之是由元祐党人刘挚推荐的，所以说他极力庇护元祐奸党。总之，蔡京及其同党为了构陷赵挺之，无所不用其极。于是，宋徽宗将赠予赵挺之的司徒收了回去，还撤销了他观文殿大学士的名义。

赵挺之在朝廷经营多年，却落得这样的结局。

果然，人生恰似梦境，世事只如风影。

风云叱咤，纵横四海，不过是水月镜花。

转头便知，万事皆空。所有的追逐与索求，都会在突然之间化为尘土。就连人生，也会在某个瞬间，成为无处落脚的过往。只是，人们常常放不下执念。功名利禄，富贵繁华，不是说放就能放得下的。

政治之无情，赵挺之是清楚的。但是那些年月，他就是愿意身在其中，看人性与生命零落成尘，无人打扫。或许，这就是政治家的执念。他当年积极支持王安石的新法，极力排斥旧党，曾两次弹劾苏轼，几年前还在清算旧党人物。没想到，死后不久，他竟然以包庇元祐党人等罪名，成为犯官。这就是政治，可笑亦可悲！

而且，事情并未就此结束。在蔡京的策划下，赵挺之的亲属里边，所有在朝廷担任官职的人都抓起来，其中就包括赵明诚兄弟三人。他们是以贪污罪被捕的。数月后，经查证，罪名并不成立，他们被释放了。但因为赵挺之是犯官，他们的封荫之官被剥夺了。

从崇宁元年到大观元年，短短五年时间，李清照的人生经历了数次起落。先是父亲受党争之祸罢官返乡，后是她自己以罪臣之女的身份被迫离京。本以为云开月明后，日子终于可以安稳下来。却不料，赵挺之罢相后溘然长逝，赵明诚成了庶民百姓。

生活就是这样，给你晴天历历，也不忘给你落木萧萧。

事实上，生活对人的折磨，总是不遗余力的。

风雨后还有风雨，落花后还有落花。这就是生活。

我们要做的，在生活面前，保持微笑。毕竟，掩面而哭，也不能换来岁月的怜悯。更何况，就如张爱玲所言，你笑，全世界便与你同声笑；你哭，却是独自哭。

李清照，曾经是个灵秀明朗的少女，踩着雨花追梦，撑着渔舟采莲，世事浮沉皆不挂心；后来，与心仪男子结为伉俪，共醉于琴诗书画，满心都是安闲自得。可是现在，她被生活推着，遇见凄寒，遇见悲伤，遇见风雨飘摇。作为词人，这是她必经的路。

有过荆棘丛生，有过落魄萧条，生命才不会太瘦弱。

她的才思，才能有更广阔的寄身之处。

问题是，此情此景，何去何从。李清照与赵明诚，还有赵家所有人，都在细细思量。赵明诚兄弟三人，都曾苦读诗书，不同的是，两位兄长都是进士及第，只有他无功名在身。

父亲去世，自己失去官职，对于赵明诚来说，这算是人生中最失意最悲伤的时候，李清照给了他足够的宽容和温暖。对赵明诚，她既没有因为之前赵挺之不对李格非施以援手而埋怨，更没有因为赵挺之去世后赵氏兄弟前程未卜而反唇相讥。

她是心似莲花的女子，做不出这样的事情。对那个她深爱着的男子，她能给的，就是如初的爱恋和温柔。可以说，那段时间，她是赵明诚的精神支柱。有了她的心灵慰藉,逆境中的赵明诚才能稍感安慰和轻松。

关于去处,李清照与赵明诚很快就达成了共识。经过几年的浮沉变幻,李清照希望远离京城这个是非之地。赵明诚本就无意于功名富贵,也愿意过清淡安稳的生活。最终,他们决定回到青州故里。他们想象着,此后的生活,应该是这样:

一路经行处,莓苔见履痕。
白云依静渚,芳草闭闲门。
过雨看松色,随山到水源。
溪花与禅意,相对亦忘言。

人生于世,总有取舍。想要富贵荣华,就要远离山水云月;想要悠然快意,就要挣脱名缰利锁。既知人生如梦,与其苦苦追逐,不如恬淡随缘。远离喧嚣与羁绊,于芳草萋萋的地方,看山看水,听风听雨。

赵挺之是有先见之明的,大概预料到自己风光的日子不会长久,前两年就派人修葺、打扫过青州的房子。只是,青州虽清静,毕竟远离繁华,不是谁都愿意去长住的。李清照与赵明诚心性简单,所以会义无反顾地离开京城,别人却并非如此。

赵明诚将回青州的想法告诉两位兄长后,赵思诚和赵存诚都说,此事需从长计议,不如暂留京畿,静观其变。他们都是进士出身,若就此远离朝廷,在乡野之间散淡度过人生,终究是不甘心的。若干时日后,赵明诚再次提起此事,他们仍是同样答复。既然如此,李清照与赵明诚也不愿勉强他们,决定自行回去。

大观元年秋,赵明诚和李清照离开汴京,踏上了返回故里的旅程。随他们而去的,只有他们那些年收藏的文物字画。当然,还有远离俗事纷扰的怡然。

就这样,李清照结束了她的汴京岁月。

走得寂静无声,不带半分浮华。

第四卷：清欢岁月两相知

一壶月色，几阕清词，两三杯淡酒，醉了浮生如梦。
渔舟晚唱，流水高山，杏花疏影里，尽是时光氤氲。

赌书消得泼茶香

生活可以简单，但绝不能苍白。
岁月可以清淡，但绝不能萧索。

陶渊明辞官归隐田园，过的日子无非是，饮酒写诗，莳花种豆。散淡的日子，却因为有诗有酒，透着无尽的闲情逸致。说实话，这样的生活不是谁都能消受的。心境若安恬不够，灵魂若高雅不足，必然耐不住寂寞。所以，有些人去向林泉，却因为日子平淡，最终退回到了繁华之处。

越是简单清静的日子，越需要无尘之心来支撑。

李清照心境恬淡，于她，田园生活最是相宜。

青州是个山明水秀的地方。佛光崖、云门山、驼山石窟都是此处的名胜古迹。当年，范仲淹曾在青州任太守。忧乐皆系天下的范文正公，曾修洋溪泉，并建醴泉亭。半个世纪后，李清照与赵明诚来到这里，没有济世安民之心，只有临风对月之意。只有这个地方，能给他们真正的岁月静好。

想必，赵挺之是将这里作为退身之处的。这座宅子，虽然不富丽，却很是典雅。假山亭台、竹巷梅园，应有尽有。可惜，赵挺之没来得及退到这里，已在政治斗争中败下阵来，还落了个犯官之名。很多时候，生活是不给人机会去准备的。苦心孤诣，机关算尽，在生活面前，都只如烟云。

对青州，李清照很是喜欢。仿佛，所有的物事，都在等着这才女到来。

现在，她来了，初见此间景致，并不觉得陌生。

只因，对这个情思翩然的词人来说，山水草木，皆为知己。

不久之后，李清照将书房命名为归来堂，又将居室命名为易安室。两个名字都取自陶渊明的《归去来兮辞》。从此，李清照自号易安居士。有趣的是，对李清照的才情大加赞赏的晁补之，在辞官退隐后，也将居所命名为归来园。读陶渊明的《归去来兮辞》，总会觉得心旷神怡。那是无与伦比的安闲：

乃瞻衡宇，载欣载奔。僮仆欢迎，稚子候门。三径就荒，松菊犹存。携幼入室，有酒盈樽。引壶觞以自酌，眄庭柯以怡颜。倚南窗以寄傲，审容膝之易安。园日涉以成趣，门虽设而常关。策扶老以流憩，时矫首而遐观。云无心以出岫，鸟倦飞而知还。景翳翳以将入，抚孤松而盘桓。

归去来兮，请息交以绝游。世与我而相违，复驾言兮焉求？悦亲戚之情话，乐琴书以消忧。农人告余以春及，将有事于西畴。或命巾车，或棹孤舟。既窈窕以寻壑，亦崎岖而经丘。木欣欣以向荣，泉涓涓而始流。善万物之得时，感吾生之行休。

已矣乎！寓形宇内复几时？曷不委心任去留？胡为乎遑遑欲何之？富贵非吾愿，帝乡不可期。怀良辰以孤往，或植杖而耘耔。登东皋以舒啸，临清流而赋诗。聊乘化以归尽，乐夫天命复奚疑！

我想，真正的文人，大抵有隐逸之心。云天之下，林泉之间，听风看月，饮酒赋诗。对于钟情文字的人来说，这才是真正的诗意生活。李清照与赵明诚回到青州并不算归隐，但他们的生活，分明充满了隐居的陶然和意趣。左手书画诗词，右手清风明月，醉与醒之间的无拘无束。不是归隐，胜似归隐。

对于书的痴情，李清照从未变过。事实上，赵明诚也是嗜书之人。在青州，归来堂是他们最常出现的地方。鲜花虽然娇艳，但易于枯萎；金玉器虽然华贵，但不免艳俗；古玩虽然精致，但过于脆弱。唯有书本，端庄而不失雅致，纤巧却总是厚重。

三毛说，书是非常优雅美丽的东西，用它来装饰房间，再合适不过。试想想，清朗的午后，阳光斜斜地照着书房角落，半杯香茗，几卷诗书，随意翻看或是掩卷小憩，都是无比的惬意。

李清照在《金石录后序》中有这样的记载："余性偶强记，每饭罢，坐归来堂，烹茶，指堆积书史，言某事在某书、某卷、第几页、第几行，以中否，角胜负，为饮茶先后。中，既举杯大笑，至茶倾覆怀中，反不得饮而起。甘心老是乡矣！"

想必，写这段文字的时候，李清照的心里既温暖又凄凉。往事再美好也终究是往事，越想越伤神。多年以后，纳兰容若在忆起亡妻的时候，也是同样的悲伤落地无声。他填了首《浣溪沙》，这首词如细雨，湿透了几百年的时光。

谁念西风独自凉？萧萧黄叶闭疏窗。沉思往事立残阳。
被酒莫惊春睡重，赌书消得泼茶香。当时只道是寻常。

当时只道是寻常。后来那些孤苦无依的年月，忆起青州往事，李清照恐怕也是这样的心情。当年，他们常在饭后烹茶读书，兴致上来，就玩赌书斗茶的游戏。规则是这样，轮流说出某个典故或者某段诗文，让对方猜出自哪本书、第几卷、第几页、第几行，以猜中与否决定饮茶先后。然而，往往是这样，刚举起茶杯，就笑得前仰后合，以至于茶杯倾覆，茶泼在身上。

试想，读书已是雅事，而相知相惜的二人更是在日常中用赌书来增添生活情趣，即使不慎将茶泼了，仍然兴致不减，余下满身清香。这样的生活，不是寻常的幸福可比的。如果说"开轩面场圃，把酒话桑麻"是普通的尘世之乐，那么"赌书消得泼茶香"便是读书人专属的情趣了。

花开蝉鸣，落叶飘雪，星移斗转，换了流年。

不变的，是书香和书趣，以及腹有诗书的优雅。

当然，读书只是闲暇时的乐趣所在，金石书画才是他们共同的事业。到青州后，稍事安顿，他们就投入到了收集整理各种典籍的工作当中。现在，他们的收藏已初具规模，赵明诚做了若干高大的书橱置于归来堂，专门用来摆放书画古籍等物。

有时候,他们也会到青州的街市上闲逛,遇到钟意的古器字画,便买回家中。买到书就共同校勘,考定版本,整集笺题;买到字画等物,就在灯下细细赏玩,找出缺损之处,能修补就自己动手修补。烛火下的两个人,无须缠绵悱恻,已是幸福满满。

偶尔,他们也会去到山间水湄;去寻找或者遇见,去沉醉或者流连。扁舟泛于湖上,或者,信步走在水边,悠然不言而喻。黄昏时分,拾得满袖清风,戴月光而回。走过的地方,遇见的风景,无需对谁说起。

春到长门春草青,江梅些子破,未开匀。
碧云笼碾玉成尘,留晓梦,惊破一瓯春。
花影压重门,疏帘铺淡月,好黄昏。
二年三度负东君,归来也,著意过今春。

逍遥的日子里,时光倏然滑过。春夏秋冬,变得踪迹模糊。
倒是那女子笔下长长短短的句子,成了岁月的注脚。
浅得似水,淡得似烟。却又清楚地刻着两个字,叫幸福。

疏影尚风流

窗前的明月,手边的清风;纸上的清浅,笔下的流年。
有可心之人相伴,无庸俗念想在心,便能遇见花开陌上。
倚着轩窗,相对默然。几缕茶香,几卷诗书,几抹月色。

纯粹的幸福，往往很简单。仿佛，只是寥寥几笔的写意画。

人生最大的幸福，是发现自己爱的人正好也爱着自己。无疑，李清照是幸福的，因为她知道，身边那个男子真心地爱着她。他们彼此相依，时光就不会太冷。

这天，他们在归来堂整理书画，发现当年赵明诚典当锦袍买来的两幅苏轼和黄庭坚的卷轴，便打开来欣赏，继而谈论起来。对于这两人的字，李清照有自己的见解，她说，苏东坡用笔丰润跌宕，得天真烂漫之趣；黄山谷以侧险为势，以横逸为功，别具风格。然后，他们说起了苏、黄之间的一件趣事。

当年，苏轼与黄庭坚饮酒谈论书法，先是评论了自唐代以来的若干书法名家的特点，最后说到了他们自己。对于黄庭坚的字，苏轼说，虽然清劲，但笔势有时太瘦，就像树梢挂蛇；黄庭坚则说，苏轼的字有时褊浅，好似石压蛤蟆。说完，两人举杯大笑。这样的趣事逸闻，李清照与赵明诚时常说起。

他们就是这样，说着风雅的故事，过着简单的日子。

岁岁年年，朝朝暮暮。不辜负每寸光阴。

李清照很喜欢梅花，写过不少咏梅词。归来堂的庭院里，种了几十株梅树。红梅、黄梅、宜城梅、鸳鸯梅等等，各种梅花应有尽有。其中还有名贵的绿萼梅，此梅满树白花，其他梅花的附蒂大都是绛紫色，只有它是绿色，就连根梗亦带青色，显得高雅脱俗。

雪花飞舞的日子，总有李清照的身影，伫立或者徘徊在梅花之前。尽管北方的冬天非常寒冷，她就是喜欢与梅花面对面。很显然，她喜欢的，是梅花凌霜傲雪的气质。与淡然盛放于严冬的梅花相比,世间的许多花都显得太过俗气。

又到了冬天。落着雪,陌上人间,时光安恬。

飞雪飘逸,似花开有情。有心之人,能听到那声音。

归来堂的梅花尽情地绽放着,等待懂得的人去探看和聆听,李清照如约出现了。这是个清晨,大地刚刚苏醒,因为雪花的点洒,梅花显得分外清丽脱俗。披了斗篷,喝了半杯温酒,李清照就开始在梅花之间徐行了。对她来说,饮酒赏梅是不可错过的人间乐事。

盈盈的才女,冷傲的梅花,在飞雪的日子彼此对望,所有言语都变得苍白。无论何时,这样的画面都让人心醉。果然,赵明诚走出来,看到这画面,不自禁地呆了。他真的不愿惊扰那美丽。

许久,他才走过去,与李清照并肩而立。并不言语,只是默然。

他懂她。就像,她懂梅花。因为懂得,所以慈悲。

梅花之美,似乎是看不够的。于是,那日午后,李清照和赵明诚干脆在院子里摆了桌子椅子,备了小酒小菜,举杯对酌,悠然赏梅。看着梅花,李清照突然来了兴致,提议比试讲关于梅花的故事,以助酒兴,谁要是讲不出或者讲得不精彩,便要罚酒。赵明诚同意了,与李清照朝夕相处多年,他也喜欢上了这样的游戏。

赵明诚讲的是隋朝开皇年间的故事。赵师雄路过罗浮山,邂逅一个淡妆素服的美貌女子,因相谈甚欢,于是相约敲开酒家门,共饮倾谈。其间,又有个绿衣童子进来,谈笑歌舞,非常尽兴。不知不觉间,赵师雄便沉沉醉去了。醒来以后,发现自己正躺在大梅花树下,女子已不知去向。

打听之后才知道，那是棵千年古梅，经常幻化成美丽女子，为路人指点迷津。

讲完以后，赵明诚斟了杯酒，看着李清照。意思是说，你要是讲不出，饮酒认输便是。李清照微笑着，开始讲她的故事。虽然两人琴瑟和鸣，但李清照从不轻易认输。倔强如她，赵明诚也是了解的。

李清照讲的是南朝武帝刘裕女儿寿阳公主的故事。某个冬天，寿阳公主仰卧于含章殿下，殿前的梅花被风吹下，几片花瓣落在了她的额头上，怎么都拂不去。三天之后，梅花被清洗了下来，但公主额上却留下了五个花瓣的印记。宫中女子见公主额上的梅花印非常美丽，争相效仿，于是就剪梅花贴于额头，当时被称为"梅花妆"。

故事讲完了，两人打了个平手。相视而笑，各自饮了半杯酒。

雪依旧下着，飘飘洒洒间尽是风情。

雪中寒梅，在词人的笔下淡净地绽放着。

小阁藏春，闲窗锁昼，画堂无限深幽。篆香烧尽，日影下帘钩。手种江梅更好，又何必、临水登楼。无人到，寂寥浑似，何逊在扬州。

从来，知韵胜，难堪雨藉，不耐风揉。更谁家横笛，吹动浓愁。莫恨香消雪减，须信道、扫迹情留。难言处，良宵淡月，疏影尚风流。

赏梅之后，李清照总是会填词的。

总要将欢喜诉诸平平仄仄，才算不负梅花的雪中之约。

宣纸上走笔，婉约间的尽情尽意。

她果然如梅花，带着几许冷傲。所以她说，世人做咏梅诗词，往往下笔便俗，很少能出新意。原来，对于许多文人墨客，她竟是瞧不上眼的。甚至就连苏东坡和欧阳修这样的大家,她也敢于评点。在青州的那些年,李清照仔细研读了北宋以来多位文人所填之词,又拜读了晁补之多年前写的词评,写出了见解独到的《词论》,对后世词人有极为重要的影响。

《词论》六百余字,追溯了词的渊源,分析了词的乐律特点,评价了自唐五代以来至北宋诸位词人的优劣。在李清照看来,当时的许多词人,都不足以称为大家。李煜虽然用词奇丽,但是过于哀伤;柳永算是名家,在格律方面颇有创新,但格调不高;北宋初年的张先、宋祁等人,虽在词中偶有妙语,但支离破碎,不足以称为名家;晏殊、欧阳修、苏轼,都是才子,但他们只是偶尔作词,着力太少,所以不太注重格律,所填之词大都不能唱。

最后,李清照又简单地评价了王安石、晏几道、贺铸、秦观等人,用词都比较苛刻。对于这篇词论,世间褒贬都不少。有人说她见解独到,有人说她狂妄自大。

不管怎样,这就是年轻的李清照对于填词这件事的真实想法。评点和指摘名人大家,必然会被人嘲笑和责难,何况她是个女子。但她,就那么潇洒地写了,无惧世人冷眼。难怪,她懂梅花的悲喜。写完后,继续她清淡的日子。

生活如纸。你清雅作画,便有渔歌山水;你萧然落笔,便是流水落花。

心若恬淡,总能在纷乱的世事中,理出个横平竖直。

如此,山是山,水是水,岁月无痕迹。

人比黄花瘦

屏居青州的那些年月,是李清照生平最美好的时光。日子虽然散淡,但两个人携着手,忙碌于金石事业,偶尔临风对酒,偶尔赌书泼茶,倒也是风雨不惊。

不过,似水的流年,毕竟还是留下了痕迹。

潮起潮落,花谢花开。转眼间,十余年过去了。

从大观二年(1108)开始,赵明诚曾登泰山顶,三访灵岩寺,四游仰天山,或题名,或拓片,获得了大量的碑文资料。为了共同的金石事业,他和李清照锲而不舍地努力着,收藏物品日积月累,到后来堆得满屋都是,只好在归来堂旁边另建书库,将文物书画分门别类,加以妥善的收藏和保护。看着自己的辛劳所得,两个人都觉得无比欣慰。

同时,赵明诚开始了《金石录》的写作,李清照倾力协助。对他们来说,金石字画之乐,远胜于声色犬马。所以,李清照在《金石录后序》里说,如果可以,他们愿意在青州渐渐老去。

可是时光,不会永远平静如水。

平上去入,起承转合,这就是生活。

宋徽宗宣和二年(1120),赵挺之沉冤昭雪,不久后,赵明诚被任命为莱州太守。多年以后,他已习惯了清静的生活,不想再被俗事打扰。两个人相守着,平平淡淡,疏疏朗朗,过简单却诗意的日子,不问繁华世事，不管沧海浮沉，赵明诚很满足。

何况，官场之中，风云变幻莫测，人心诡诈无常，的确也不适合他这个性情简单的人。但是，有个难题却摆在那里，让他颇觉得尴尬。屏居乡里，画意诗情，经济上却是越来越困窘。要过日子，还要收藏文物，对于没有经济来源的他们来说，实在是件难事。最近两年，李清照不断典当珠宝首饰，仍是杯水车薪。

正好这时候，赵明诚接到了出任莱州太守的诏令。他很矛盾，不情愿混迹于纷扰不休的官场，但心里知道，若做了太守，虽然会被俗事缠身，至少可以领到俸禄，满足生活之需的同时，也方便购买和收藏文物。赵明诚和李清照商量此事，经过反复斟酌，最终决定，赴任莱州。

尽管莱州与青州相距不远，但是想到要离别，李清照就忍不住惆怅。十几年来，他们有过数次离别，但都是小别数日。而现在，他去任职，出于各种原因，不能带她同往，她只能独自面对晨昏。对这个多愁的女子来说，那是无垠的寂寞。

可是，既然已经决定，纵然千万种不舍，也终究要离别。那天清晨，赵明诚走了。李清照的心空荡荡的。日光之下，红尘如旧。而她的世界，却仿佛没了灯火。

相守的日子，煮酒烹茶，留云待月，似乎都寻常。

别后才知道，那样的幸福，并非触手可及。

我们总是这样，离别后思念成霜，盼着相聚时月圆花好；相守的时候，却又不懂珍惜，日日相对，总是做不到相看不厌。李清照从未厌倦，对赵明诚，对他们写意的日子，她都是深情如许。但现在，她独自在庭院里,品尝着离别的滋味。被思念缠绕,心事没个着落,她只好提笔填词。

红藕香残玉簟秋,轻解罗裳,独上兰舟。
云中谁寄锦书来,雁字回时,月满西楼。
花自飘零水自流,一种相思,两处闲愁。
此情无计可消除,才下眉头,却上心头。

相思可以很甜,甜到迷惘;相思可以很苦,苦到断肠。

才思无边之人,必是情思无边。李清照,这倾世的红颜,想要的不过就是简单的幸福,有个人伴着,苦雪烹茶,时间煮雨。如果可以,她只想要那些静致无尘的时光,没有离别之愁,没有相思之苦。但是很遗憾,现在的她,正沉落在离思里。丈夫不在身边,她的世界几乎是荒芜的。

月满西楼。喜欢这四个字,总会在夜色迷离的时候,随着缥缈的思绪,漫无目的地回到遥远的从前。那些诗意未央的年月,总有红颜西楼望月,看尽千古人间。那些衣袂翩翩的身影,有着无尽的思念,和难言的寂寞。她们遥望远方,也被远方遥望;她们送别年华,也被年华送别。多年后,美人迟暮,只留给世间沉重的叹息。

这是个寒意袭人的秋天,住在这里,任何人都会感到凄凉。这样的时节,荷已残,香已消,整个世界似乎只剩无边落木和漫天衰草。落寞的李清照,独上兰舟,本想派遣惆怅,可是遥望云天,偏偏更添离愁。

这样的秋日,独自泛舟,实在没有闲适可言。

她又无处逃避,只能独自饮下凄凉的西风。

水流花谢,两处无情。即使是春天,也会让人忍不住感伤,何况此时是秋日,落花静默,秋月无言,李清照怎能不生出无尽的悲凉?兴许,韶华易逝,红颜易老,这样的感伤也会油然而生。毕竟,她已不是年华正好之时。

反正,这个凉意十足的日子,她是走不出去的。

只能任相思无边地生长,剪不断,理还乱。

薄雾浓云愁永昼,瑞脑销金兽。
佳节又重阳,玉枕纱厨,半夜凉初透。
东篱把酒黄昏后,有暗香盈袖。
莫道不销魂,帘卷西风,人比黄花瘦。

还是这个秋天。重阳佳节,徘徊于清冷的时光,李清照仍是形单影只。所有诗情画意的回忆,都成了此时百转千回的思念。因为心境悒郁,世界也总是阴沉。同样的日子,因为相思,变得漫长无际。

大概只是为了应景,傍晚时分,她走出屋子,来到东篱,饮酒赏菊。然而,花间举杯,也未能宽解愁怀,反而在她心中兴起了更大的感情波澜。菊花开得极盛极美,喝着酒,染得满身花香。可是,菊花再美,也不能让她凄凉的心温暖起来。

把酒东篱,饮不尽秋凉。终于,她再无饮酒赏花的意绪,匆匆地回到了屋里。归来堂里所有的物件,都刻着甜蜜的回忆。可是现在,她连回忆都不愿打开,任自己被夜色吞没。

昏暗的夜,玉枕孤眠,最是难言的况味。

李清照,就在这夜里,默读着伤悲。

西风卷起珠帘,帘内的女子,比那黄花还要消瘦。

李清照用隽秀的小楷将这首《醉花阴》抄在笺纸上,寄给了赵明诚。

赵时诚收到此词后,想象着李清照独守空闺的寂寞,非常心疼却又无可奈何。人在仕途,也是身不由己。多年相濡以沫,突然相隔两地,他何尝不是对那憔悴的女子牵肠挂肚!

感慨之余,赵明诚对这首词赞赏不已,自愧填词不如妻子,却又想要胜过她,于是闭门谢客,苦思冥想,三日三夜,作词五十首,并将李清照这首词夹杂其中,请友人陆德夫评论。陆德夫细加玩味后说,所有的词里面,只有三句绝佳。他说的,正是李清照这首词的末三句:莫道不消魂,帘卷西风,人比黄花瘦。

那边,李清照仍然在秋风里落寞。梧桐细雨,是相思的泪。

相思,看不见,触不到,却如漫漫春草,长满每个角落。

不需耕种,不需打理,相思自会长成。

生根发芽,开花结果,都了无声响。

独抱浓愁无好梦

春花秋月,烟雨湖山,人生所遇,皆是风景;

聚散离合,悲喜浮沉,红尘万丈,尽是旅程。

然而,有些风景,有些旅程,却让人难以消受。

古道的西风瘦马,异乡的月落乌啼,长夜的孤灯独照,无边的花谢水流。

置身其中,来不及伫望,先有了叹息。然后,悲从中来;然后,静默无言。

对李清照来说,宣和二年这个秋天,是很难挨的清寂时光。一个人,一扇窗,西风瑟瑟,往事凄迷。思念着,惆怅着,伶俜的身影日渐憔悴。读书弹琴,吟风赏月,都没了心情。

在过去的十几年里,秋天从来不是这样。两个人伴着,煮酒谈诗,沉醉书画,总是欢喜不尽。偶尔,也会漫步溪流之畔;偶尔,也会泛舟平湖之中。记忆中的画面,有炊烟袅袅,有落叶轻轻,还有,看不尽的秋月无边。

可是现在,月似当时,人各两处。

秋风吹来的故事里,便只剩下无法收拾的冷清。

小窗红烛,照人凄凉。无疑,这是一个人的荒草天涯。

香冷金猊,被翻红浪,起来慵自梳头。任宝奁尘满,日上帘钩。生怕闲愁暗恨,多少事、欲说还休。新来瘦,非干病酒,不是悲秋。

休休,这回去也,千万遍阳关,也则难留。念武陵人远,烟锁秦楼。惟有楼前流水,应念我、终日凝眸。凝眸处,从今又添,一段新愁。

这是个无聊的清晨。可是,原本不是这样的。赵明诚在的时候,同样的清晨,茶香与书香都不能少,她会以最好的自己,去面对阳光下新的日子。但是现在的情景却是这样:香炉里的香片早已熄灭却不予理睬,被子凌乱不堪却无心去叠放整齐;头也懒得去梳,妆奁上已落满了尘。对这个精致的女子来说,这都是难以想象的。

正所谓,女为悦己者容。美丽若没有对象,也便成了空。

别后的日子,晨曦与斜阳,晚风与明月,都不似从前多情。

心若空寂，万物都显得黯淡无光。

日上三竿，她才慵懒地起来，凄清之际，看镜中的自己，又憔悴了不少。并非因为醉酒，也并非因为悲秋。之所以这般憔悴，除了相思之苦，还有别的原因。可是，她却说不出口。那是她难言的隐衷。

那些年，总的来说，日子是平静如水的，也是诗情画意的。看上去，李清照与赵明诚之间没有任何隔阂。实际上，他们的幸福是有缺憾的。赵挺之在去世之前，曾对赵明诚的子嗣问题特别嘱咐。俗语讲，不孝有三，无后为大。想必，李清照与赵明诚也希望，那样的幸福里面，不只有他们两个人。尤其是赵明诚，对子嗣的渴望是毋庸置疑的。毕竟，那样的年代，香火无人继，是莫大的遗憾。

可是，完婚近二十年，两人始终无子。南宋学者翟耆年撰写过一本关于金石碑刻的专著，叫《籀史》。在这本书里边，他说赵明诚的文物收藏非常丰富，但是由于无子嗣能继承遗产，常常为之叹息。

《籀史》写于宋高宗绍兴十二年，此时李清照和赵明诚的不少亲朋都还在世，所以翟耆年所写之事应该是有依据的。而且，翟耆年是在谈到金石字画的时候，顺笔提到了此事，并非有意为之，这就证明，赵明诚和李清照无子嗣这件事，在当时是众所周知的。

另外，李清照去世十几年后，南宋孝宗乾道二年，洪适撰写了一本书叫《隶释》，谈到赵明诚的身后事时，也说他没有子嗣。写这两本书的人都是金石之学圈子里边的人，写的又是正经的学术著作，不会信口开河。可见，李清照与赵明诚没有孩子，的确是事实。

在古代社会，作为妻子，若没有为丈夫生子，那么，这个妻子在丈夫以及家族的心目中，地位就会下降许多，这可能直接导致她无法继承丈夫和家族的遗产。对于女子来说，这可谓人生的失败。李清照虽然孤清倔强，不屑世俗规则，但她既然深爱着赵明诚，自然希望成全他子女绕膝的愿望。可是，她却无能为力。当然，或许并非她自己的问题。

温雅的赵明诚，应该不会为此事与李清照争吵，但有时候发些牢骚是必然的。青州岁月，虽然静好，可是这件事搁在心头，渐渐挥之不去。看似清如镜明如水的日子，并非无懈可击。兴许，十几年以后，赵明诚对李清照，偶尔也会冷淡。

诗情画意里头，或多或少，总有灯火明灭。

花前月下，缠绵缱绻，也总有过不去的坎。

对李清照来说，没有子嗣这件事，定然早已成了心头阴影。只不过，在轻描淡写的岁月里，这阴影并不明显罢了。现在，赵明诚身在别处，留她在青州孤苦无依，许多心事蓦然间浮起，却又无人倾听。何况，那样的事，也是说不得的。所以她说，多少事，欲说还休。

她就那样幽幽地想着，想起过去，想起未来，想起许多若有似无的故事。汉朝的时候，刘晨和阮肇入天台山，偶遇住在桃林中的仙女，与之相爱，乐而忘返。半年以后，当他们回到家里，妻子和孩子都已不在，见到的竟然是他们的七世孙。

秦穆公的时候，有个年轻人叫萧史，特别善于吹箫，秦穆公很喜欢，将自己的女儿弄玉嫁给了他。婚后，萧史和弄玉筑秦楼以居，弄玉苦练吹箫，而且总是模仿凤鸣之声。某天，果然引来了凤凰，二人乘凤而去。

"武陵人远，烟锁秦楼"，李清照用这两个典故，除了表达对赵明诚的思念，恐怕也有隐忧在心间。萧史和弄玉共居秦楼十年后，终于比翼飞升；李清照与赵明诚在青州屏居十余年，到头来却是她孤独地留在那里，心里的落寞不言而喻。她甚至担心，赵明诚如武陵人那样，爱上别的女子，从此远离她的世界。反正，心里七上八下，满目都是荒凉。

暖雨晴风初破冻，柳眼梅腮，已觉春心动。

酒意诗情谁与共？泪融残粉花钿重。

乍试夹衫金缕缝，山枕斜欹，枕损钗头凤。

独抱浓愁无好梦，夜阑犹剪灯花弄。

已是早春时节。因为心中惆怅万千，暖雨晴风的日子，也不能让她快乐起来。想起那些煮酒烹茶的日子，不觉已是泪下潇湘。相思本就让人苦楚，而李清照，还有不可言说的心事，所以，每个夜晚，独抱浓愁，辗转难眠。夜深人静，百无聊赖，只能纤手剪灯花。

此情此景，竟像是唐代张祜笔下的深宫女子，灯影之畔独对清光，能做的只是，剔开红焰救飞蛾。这样的夜，对愁思满心的李清照来说，是寂寞，是悲伤，是地老天荒。

曾经，她非常自信，也非常骄傲。对他们的爱情，也是笃定无疑。

多年以后，青春不在，年华渐老。最重要的是，膝下无子。

于是，她的自信与骄傲，都没了立足点。

看看镜中憔悴的自己，止不住幽怨。

赵挺之去世之前的嘱托，赵明诚记得清楚，李清照也是心知肚明。如今，赵明诚做了太守，想着父亲的临终之言，若是娶个年轻女子为妾，至少在世人看来无可厚非。李清照却不愿面对那样的事情。

可以说,她的落寞里,还有无言的烦闷。

然而,落寞与烦闷,只有楼前流水知道。

庭院深深

春江水暖的日子,李清照仍是心事难平。有些事在她心头,挥散不去,久了就成了结,就连春风也无法解开。离别的时间越长,心情就越是难以拾掇。归来堂赌书泼茶的情景犹在昨日,可是回忆起来却忍不住心酸。

原本,她是喜欢春天的。江湖水暖,杨柳依依,都让她喜悦。梁上呢喃的燕子,也曾在她多情的笔下飞舞。往常的春天,有赵明诚在身边,月色清风都离人很近。可是现在,西楼望月,满心的凄楚。

果然,庭院深深,不知几许。

果然,染柳烟浓,也是天涯。

李清照,曾经如莲的心事,如今日渐萧条。整个世界,仿佛只剩她自己,独自送别流光。院里花开得正好,却是无人过问。现在的李清照,花间月下,都没了曾经的自在。倚着窗,捧着书卷,读出的竟是曾经沧海的味道。

孤独在心,是会疯长的。长成长夜,长成荒凉,长成落花时节的悲伤。却又无人过问,只能独自承受。而且,李清照的孤独里头,还有几分焦虑。那欲说还休的心事,是她无法避开的荒野。

已经半年了,她总在思念里不安。红笺小字寄出去不少,却很少见锦书自云中而来。不见回音,她便只能胡思乱想。想着想着,回忆在心头,灰尘堆成了塔。都说,孤独是一个人的狂欢,原来是这般滋味。李清照应该庆幸,在那些形单影只的日子里,她手中的笔仍可以盘桓纸上,于起承转合之间,转出万种风情。

萧条庭院,又斜风细雨,重门须闭。
宠柳娇花寒食近,种种恼人天气。
险韵诗成,扶头酒醒,别是闲滋味。
征鸿过尽,万千心事难寄。
楼上几日春寒,帘垂四面,玉阑干慵倚。
被冷香消新梦觉,不许愁人不起。
清露晨流,新桐初引,多少游春意。
日高烟敛,更看今日晴未。

因为心事黯淡,时光仿佛被剪碎,无人可以缝补。斜风细雨,流水断桥,往常见之便欢喜,如今却没了意趣。独自的春天,萧条的庭院,关着门,就好像关着世界。填词醉酒,闲愁无法排解,成了万般幽怨。

寒食时节,垂柳繁花,犹得天宠,人来柳荫花下流连玩赏,极是快活。而她,无心游赏,只得深闭重门,莫名地凄凉。或许是太无聊,专门挑了冷僻难押的字来押韵作诗。风雨之夕,饮酒赋诗,借以排遣愁绪,然而诗成酒醒之后,无端愁绪重又袭上心头。万千心事,关它不住,遣它不成,寄也无方,最后只得把它深深地埋在心底。

征鸿过尽,音信无凭,纵使阑干倚遍,终是无用。阑干慵倚,楼内寒深,枯坐更加愁闷。许多个日子,李清照都是这样,独倚栏杆,恹恹欲睡。可是偏偏,罗衾不耐春寒,总是从梦中惊醒。心事无人可告,唯有托诸梦境;而梦乡新到,又被寒冷唤回。

纵是晴好之日,她仍是寂寞丛生。

帘外世事阡陌,看来皆是梦中。

忧愁在心,春天也不好居住。

雨打梨花深闭门,忘了青春,误了青春。

赏心乐事共谁论?花下销魂,月下销魂。

愁聚眉峰尽日颦,千点啼痕,万点啼痕。

晓看天色暮看云,行也思君,坐也思君。

三百多年后,同样的春天,唐伯虎写了这首《一剪梅》。世人大都喜欢春天,然而,春天所温暖的,往往是那些内心温暖的人。心田长满荒草,春天也就只有落寞。

良辰美景奈何天,赏心乐事谁家院。那个春天的李清照,就是这样的心境。寂寞庭院,春天不是春天,乐事不是乐事。只能是,行也思君,坐也思君。可惜,所有的思念,都付诸东流了。她只有自己,黯然销魂。

宣和三年(1121)秋,李清照赴莱州与赵明诚相聚。或许是赵明诚来信让她前去,或许是她耐不住相思自作主张。总之,她起程了。离别经年,她再也不愿让迢递山水阻隔他们。只不过,对于相见后是否还能继续柳暗花明的日子,她并没有把握。漫长的思念,还有那不可言说的心事,早已堆积成了忐忑不安。

临行前,她将归来堂的书库封好,所有的书橱都上了锁,又请人查看屋顶，有可能漏雨的地方都做了修葺，以确保他们收藏的金石字画不会受损。与她交好的姐妹们来为她送行，让她无比感伤。最后，大家依依惜别，她上了前往莱州的马车。

从青州到莱州，不过三五天的路程，途经昌乐、潍县、昌邑等地。很快，她就到了昌乐。晚上，想起日前众姐妹送别的情景，仍是不由得感伤，于是填了首《蝶恋花》：

泪湿罗衣脂粉满。四叠阳关，唱到千千遍。

人道山长水又断，萧萧微雨闻孤馆。

惜别伤离方寸乱。忘了临行，酒盏深和浅。

好把音书凭过雁，东莱不似蓬莱远。

垂杨断岸，泪湿青衫；挥手作别，两处天涯。

无论对于谁，离别都不是美丽的事情。

李清照虽然孤傲清高，但是心思简单，遇到脱俗之人，便会倾心相待。所以，姐妹情深是真实的，离别的悲伤也是真实的。只是，不久之后就要与朝思暮想的那个人相聚，却将这首词写得如此凄苦，总让人诧异。

或许，在路上的那些日子，她始终都在担心，见面之后，是否会看到不愿看到的情景。她害怕，与她朝夕相对多年的赵明诚，在身为太守以后，如世间众多男子那样，有了喜新厌旧之心。所以，这首词的最后，看似是说姐妹们可以书信往来，其实是带着些幽怨委婉地说，对于姐妹们的信笺，她会无比珍视并且及时回信，绝不会像那个身在"蓬莱"的男子，对她的信笺总是置之不理。

那年，从秋天到秋天，从荒草到荒草。他和她之间，看来并不遥远，却似天涯相隔。现在，就要相聚了，却也没有多少喜悦。甚至，李清照是忧心忡忡的。

秋天的路上，黄叶在风中摇摆，等待飘零。

她的心事也是如此，飘飘荡荡，无法落地。

几天后，李清照抵达了莱州。相见的情景，仍似从前。只是，赵明诚游移的目光里，似乎藏着李清照并不知晓的事情。看上去，他的日子过得滋润，不似眼前这个女子，经年的往事里，只有独自的彷徨和憔悴。

很快，李清照就感觉到，赵明诚对她，比从前冷淡了。虽不至于故意冷落她，但是两个人相对时，没了过去那种笃定。李清照，这个聪慧的女子，马上就意识到，长期以来让她忧虑的事情，大概是真的发生了。但在赵明诚面前，她保持了应有的静默。他不说，她亦不问。这就是她的态度。爱情里面，这是她最后的尊严。

瑟瑟的秋风，吹得往事东倒西歪。

许多人，走着走着，就走散了。

风 过 无 痕

幸好，他们并没有走散。

只是，路过花红柳绿，赵明诚停步了。如此而已。

不同的是，对赵明诚来说，那是别样的风景；对李清照来说，却是爱情里的杂草。这个清高的女子，不愿意他们的世界里，有别的女子出现，哪怕只是停留片刻。或许，李清照对爱情的愿望就是，两个人的似水流年。

然而，在十二世纪的情爱世界里，这只是奢望。婉约的宋词，造就了无数风流缱绻的故事。也可以说，有了那些故事，才会有情花般让人流连和沉醉的宋词。那时候，绿衣捧砚，红袖添香，都是寻常情节。可是，绿衣与红袖，往往不是文人墨客的妻子。

虽然历史上对赵明诚纳妾之事没有详细的介绍，但从相关资料上还是可以看出，他的确有过侍妾。那个时代，侍妾是普遍存在的。宋朝皇帝还赞成并且鼓励大臣们蓄养侍妾和歌妓。当时，宰相王曾很节俭，宋真宗居然专门派人为他购买侍妾。

事实上，即使是李清照与赵明诚都崇敬的文坛前辈苏轼，也有王朝云等数位侍妾。可想而知，生活在这个时代，周围环境皆是如此，赵明诚恐怕也不能免俗。可以说，那些年没有侍妾在侧，只是时机未到而已。

新婚燕尔之际，赵明诚只是个太学生，而且与李清照情深意笃，既无闲心也无经济实力蓄养侍妾；初入仕途，两人仍是情好如初，经济实力方面依然羽翼未丰；屏居青州，与李清照朝夕相对，诗酒相欢，纵有别的想法也只能深藏于心。

可是现在，再次进入仕途，身居太守之职，俸禄较以前丰厚了许多，虽然仍在收藏文物古籍，毕竟还是有了闲钱。李清照不在身边，赵明诚不免被年轻美貌女子吸引，加之父亲的临终遗言犹在耳边，收几个侍妾在身边，就成了顺理成章的事情。

赵明诚，毕竟也是寻常男子，虽然深爱着李清照，怕也没有专注到心无旁骛的地步。只不过，在李清照心中，他是唯一的风景。而且，那些清淡如诗的画面历历在目。她无法接受，自己深爱着的这个男子，突然之间有了别的佳人捧砚添香。总之，初到莱州的那些日子，李清照未能找回曾经的幸福。

赵明诚的款款情意，长到了别的院落。

结束了山水相隔，却仍是咫尺天涯。

倔强如她，愤懑了许久。那些日子，赵明诚忙于处理公务，少有闲暇，李清照更觉得无所事事。随身所带书籍不多，加上人生地疏，颇觉得百无聊赖。这天，她独坐书房，随手翻开一本《礼部韵略》，想起自己的处境，信手写了首《感怀》：

寒窗败几无书史，公路可怜合至此。
青州从事孔方兄，终日纷纷喜生事。
作诗谢绝聊闭门，燕寝凝香有佳思。
静中吾乃得至交，乌有先生子虚子。

看看她所在的这个地方。窗户破败，桌椅陈旧，年久失修，既没有书籍，也没有字画。而她喜欢并早已习惯的，是书香茶韵，是画意诗情。因为心有怨艾，她甚至觉得，自己的境遇，与三国时袁术兵败时的惨状相似。袁术兵败的时候，对手下说想喝点蜜糖水，手下竟说，只有血水，没有蜜糖水。袁术听完，吐血而死。

她说，世人皆醉于酒色财气这些庸俗的东西，为此，甚至不惜抛弃安逸清静的生活。没想到，原本清雅的赵明诚，也会沦为此类，害得她在这冷清的地方，关起门来写诗，聊以消遣孤寂之情。言下之意，她仍是那个吟风赏月的女子，而赵明诚，已不再是那个与她赌书泼茶的男子。

在《金石录后序》里，李清照说，"食去重肉，衣去重彩，首无明珠翠羽之饰，室无涂金刺绣之具。"清淡简单，是她喜欢的生活，以她的性情，不会因为屋子里陈设朴素而抱怨。当然，她也不会因为赵明诚忙于俗务而心生怨怼。可是在这首诗里，她不仅满是埋怨，还从人生情趣方面，对赵明诚进行了指摘。

若不是不满赵明诚心有旁骛，从而冷落了她，那些抱怨是站不住脚的。久未见面，受尽相思的煎熬，相聚之后，却见他有了新欢，李清照的心情可想而知。

在那个时代，面对同样的事情，许多女子都选择默然接受，李清照却做不到。但她，不会哭闹，不会撒泼，风雅如她，只能将怨情写在诗里。

寥落人间，她仍是那个煮酒填词的才女。

雁过有声，风过无痕。时光在她手中疏疏落落。

度过那些烦闷与悲伤并存的日子，她终于选择了面对。这是她的洒脱。那个叫作赵明诚的男子，虽然身边有了侍妾，却并未疏远她，他终究是爱着她的。想清楚了以后，李清照突然觉得，为了赵明诚香火有继，侍妾之事已无烦恼的必要。

许多事，看透了也就只如云烟。

李清照与赵明诚，终于和好如初了。

又到了重阳节。莱州城附近有座山叫文峰山，也叫笔架山，是当地名胜。李清照和赵明诚决定去登高。幕僚们听说太守要同夫人共登文峰山，都想同去，赵明诚答应了。就这样，十几个人兴致盎然地登上了文峰山。

正在极目远眺，李清照看到一处摩崖刻石，远远望去，似乎是魏碑。很显然，对李清照和赵明诚来说，置身山顶，览众山小，只是愉悦；遇见碑铭，或是古籍，却是狂喜。不久之后，他们就出现在碑下了。赵明诚命随行人员，将整个碑文拓了下来。碑上的字体兼具隶书和行书特点，既典雅又流畅，而且有些字的写法，他们竟然从未见过。

从碑文的内容他们得知，在距文峰山五十里的天柱山上，另有一碑，两碑遥相呼应，分别为上下碑，都是北魏永平四年（511）莱州刺史郑道昭所书镌。几天后，赵明诚拿到了天柱山碑文的拓本，兴高采烈地回到官舍。不需说，李清照已知他所乐之事。那天傍晚，他们对着拓片观摩鉴赏了很久，都为得到这稀世珍宝而窃喜。没了嫌隙，他们仍是这样，无言也欢喜。

深夜，李清照想起去年此时写的那首《醉花阴》。那时候，她独自在庭院，赏花、饮酒、读书，都无滋味。此时，两个人的佳节，没有了人比黄花瘦的凄惨，她觉得很安逸。

赵明诚大概是猜出了她的心思，不想让她感伤，于是说起了他闭门填词五十首，然后将那首《醉花阴》夹在其中让陆德夫品评的事情。说完以后，两个人都笑得前仰后合。仿佛，又回到了从前的日子里。

宣和五年（1123），赵明诚调任淄州太守。淄州是春秋时期齐国都城临淄的所在地，十分富庶，而且文物极其丰富。对李清照和赵明诚来说，去这里是求之不得的。他们把在莱州收集整理的文物及其文字资料，先运回了青州。没过多久，赵明诚就在淄州上任了。

淄州辖下有个邢家村，村中有长者邢有嘉，年轻时屡次参加科举不中,便回到乡下务农。如今,年过古稀,读读书,写写诗,儿孙绕膝,日子过得甚是悠闲自在。由于赵明诚平易近人,毫无地方官架子,邢有嘉与他常有来往。

这日,赵明诚又去找邢老先生闲谈,老先生将祖传的白居易手书的《楞严经》拿出来给他欣赏。得以目睹白居易手迹,赵明诚狂喜之下,骑马疾驰回家,拿与李清照共同欣赏。两人饮酒品茶,相对观赏,蜡烛燃尽了两根,还不愿意入睡。对他们来说,这就是最好的时光。

不惑之年的赵明诚,或许会被身姿窈窕、明眸善睐的年轻女子吸引,但是能够了解他内心世界,真正与他分享高品位快乐的,永远只有李清照。否则,他就不会那样急切地打马回家,与她欣赏这幅白居易的手书了。可以说,金石书画,风月诗酒,是他们的爱情信物,只要细心珍藏,爱情就不会散场。

所谓幸福,不是良田千顷,不是广厦万间。

或许,也不是良辰美景下的私语缠绵。

只是心有灵犀的烟火日子。

第五卷：刹那沧海已桑田

仿佛只是刹那，英雄红颜，风流恣肆，都成了旧梦。
就连万里江山，也归了尘土，从此阒然无声。
岁月，可以了却所有悲欢离合。

江山摇落

我们身处的地方，叫时光。

许多故事，许多情怀，在这里风姿摇曳，也在这里落地成丘。

恢宏与壮阔，兴盛与繁华，快意与风流，都会悄然而逝。

万间宫阙，千种风情，终究会成为尘土。蓦然回首，王侯将相不见了，英雄壮士不见了；才子红颜不见了，诗酒情怀不见了。到底，世事如梦里花开，总会在时光里凋落无声。

李清照与赵明诚，还在淄州体会着简单的幸福。外面的世界，却已是烽火连城。战马嘶鸣，刀剑饮血，生命零落，裹挟在冰冷肆虐的北风里，让整个大宋河山摇摇晃晃。梦里的繁华，不见了踪影。诗人沉重的叹息，在为大宋王朝招魂。

温柔乡里的宋徽宗,被战乱之声惊得六神无主。书写着瘦金体的毛笔,在他瘦弱的手中跌落,随之跌落的,还有曾经的华年盛世。这位诗情画意的帝王,原本就是不能为万里河山做主的。刀光剑影里,他能做的,只是逃之夭夭。

宣和七年(1126)十二月,宋徽宗匆忙传位给太子赵桓,自己则以太上皇的身份,带着蔡京、童贯、高俅等误国佞臣南下逃命了。赵桓,也就是宋钦宗,对于此时登基,他是极不情愿的。战战兢兢地登上龙椅,不敢四顾河山,因为到处都是烽烟弥漫。

遥遥望去,万里江山的顶端,是这孱弱的身影。

他能支撑的,恐怕只有那些沉重的叹息。

他想逃,却被李纲等主战派拦住,只好无奈地留在宫中,让李纲负责汴京防务。京城军民在李纲的领导下,同仇敌忾,浴血而战,又有各地勤王之师合力抵抗,金军久攻不下。令人悲哀的是,当孤军深入的金军提出议和时,宋钦宗竟然马上同意了,并以割地赔款为代价,换取了金军的撤退。

事实上,因为各地勤王军队陆续到来,守卫汴京的宋军有二十万之众,而围城的金军只不过区区六万人。金军去后,宋朝内部的投降派又重新得势,斥责主战派的同时,君臣又开始了醉生梦死的生活。

靖康元年(1126)秋,金军再度大举南侵,并于十二月初完成了对汴京的包围,断绝了四方宋军的来路。金人锋镝尽聚,已是势在必得。

可叹,庙堂之上,早已没了死义之士。李纲已被罢知扬州,主战派将领种师道不幸病死。剩下的，不是贪生怕死因乱谋利之徒，就是浑无韬略自以为是之辈。终于，汴京陷落了。

这里，曾经有君王指点江山，曾经有将相纵论天下。当然，还有文人雅士把酒言诗，英雄侠士剑气如虹。可是现在，放眼望去，除了遍地的烽烟，便是四处逃散的人们。大宋的河山，万千的生命，在金人的铁蹄下，渐渐没了声响。

依稀看见，大宋王朝的天子，跪倒在金人面前，称臣谢罪，无比谦卑。后宫嫔妃、皇亲国戚、技艺百工、娼优僧道，以及汴京物事风华，都成了金人的战利品。

被掳的皇子皇孙、王公贵戚和后宫妃嫔都成了亡国奴。在颠沛流离的迁徙中，不少人由于不堪饥寒而抛尸野外，其余幸存者则被迫垦田荒外，种莳自给。等而下之者降为奴隶，执炊牧马，菲衣薄食。最不幸的是女子，无论是王妃帝姬还是宗室妇女、名门闺秀，或沦为奴婢，或选为女乐，在金人的践踏下，毙命者不计其数。

被掳走的人里面，还包括宋徽宗和宋钦宗。最可笑的是宋徽宗，本已逃到江南，却在金军暂时退兵之际回到汴京，终于成了阶下囚。这两位曾经的天子，在偏僻的五国城，度过了屈辱的余生。

春花秋月，小楼东风，往事不堪回首。

几杯浊酒，沉沉醉去，沧海已成桑田。

最无情的，莫过于岁月。

河山万里，风雨飘摇，李清照和赵明诚是知道的。靖康元年年底，听到金军再次进攻汴京的消息，两人都感觉凄惶。他们很清楚，战火所及之处，往往寸草难生。他们多年收集的古玩书画，或许会落入他人之手，或许会毁于战火之中。想起这些，他们无法不惆怅。只不过，在李清照的叹息里，还有对江山摇落的悲伤。

琴书诗酒，清婉别致，都不是她生命的全部。

河山破碎的时候，她的生命将呈现别样的格调。

那是让无数须眉羞愧的大气如虹。

从现在开始，李清照的人生将急转直下，平静如水的日子将成为过往。等待她的，是颠沛流离，是孤苦伶仃。她必须在清冷的流光里看透离合悲欢，掩卷沉思，泠然落笔。有文字为伴，岁月虽凄凉，她从不绝望。

靖康二年（1127）三月，宋徽宗和宋钦宗被金人掳走，北宋历史以惊叹号悲情地结束。两月后，康王赵构即位，改元建炎，不久逃至杭州建立偏安政权。南宋历史，在不安与纷乱中惨淡地开始。只看见，君王与臣子瑟缩在江南，北方大片河山陷落，他们竟还能歌舞取乐。麻木的身影，对照着那段凌乱的岁月。多可悲！

故国破碎，山河不在，李清照非常痛心。更令她痛心的是，自皇帝以下，满朝的文武大臣，平素威风八面的那些人，在大金的铁骑面前噤若寒蝉，只剩遁逃的力气。只有少数英武的将领，如宗泽，如王彦，带着血性的大宋男儿，与金军做着殊死搏杀，却也只是螳臂当车。整个王朝的历史，走入了荒凉。繁华旧梦，再也回不去了。

在两位皇帝被掳走的那段日子，赵明诚的母亲在江宁（今南京）病故，按照礼法，赵明诚必须立刻停职南下奔丧。不过，这样的多事之秋，许多事都难以预料。李清照与赵明诚，必须做长远的打算。

回到青州后，经过仔细盘算，夫妻两人决定以最快的速度，检点清理归来堂的古器书画，将其中最有价值的物件选出来，由赵明诚运往江宁。李清照则留在青州，保护和整理剩余物件。在《金石录后序》中有这样的记载：

三月，奔太夫人丧南来，既长物不能尽载，乃先去书之重大印本者，又去画之多幅者，又去古器之无款识者。后又去书之监本者，画之平常者，器之重大者。凡屡减去，尚载书十五车。至东海，连舻渡淮，又渡江，至建康。青州故第，尚锁书册什物，用屋十余间，期明年春再具舟载之。

经过多年矢志不移的努力，此时他们的文物数量是极为惊人的。要将这些文物通过水路运往南方，必须有所取舍。取舍的原则是，先舍弃书籍当中过重和过大的刻印本；再舍弃多幅的连轴的画；再舍弃没有落款和标识或者太过笨重的古器；再舍弃国子监印行的刻本；最后舍弃平常的字画。

即使经过这样的取舍，选出来要带走的文物还是有十五车之多。更惊人的是，留在青州的文物还占了十几间屋子。李清照要将这些文物整理好，到次年开春用船运往江宁。很快，赵明诚就出发南下了。他要押运着这十五车之巨的文物，从青州出发，先到东海（今江苏连云港），再过淮水，再过长江，最后到达江宁。

他们匆忙作别。万千不舍，各自黯然。

都知道，世间所有离别，都可能是永别。

乱世之中，更是如此。

岁月风雨飘摇

与时光照面，或温柔，或冷漠。

就这样，我们匆匆走着，将故事走成了沧桑。

李清照，原本过着清风流水的日子，不惊风，不惊雨。

可是那年，整个世界都在摇晃，望眼所及，尽是狼藉。战火之中，有人奴颜婢膝，有人浑水摸鱼，还有人带着大宋微弱的气息，退到了江南，枕着风月，半梦半醒。南宋的君王和臣子们，始终都未从惊悸中走出。

我们无法选择岁月，只能随着世事变迁，从沧海到桑田。李清照喜欢清净，不喜欢随波逐流。但是现在，她被卷入了历史的洪流，开始了风雨飘摇的岁月。后来的许多日子，漂泊无定，她只如浮萍。

赵明诚走了，再也没有回到青州。留下的李清照，来不及落寞，来不及思念，她还有许多事情要做。摆在她面前的，是十几个房间的文物古籍。面对如此浩繁的文物，又身处狼烟四起的乱世，形单影只的李清照十分无助。

外面的世界仍在混乱之中。京城陷落，徽钦二帝蒙尘，早已不是秘密。战火仍在蔓延，青州城里人心惶惶，到处可见成群结队的难民。当地的官绅士族也在变卖家产，随时准备远走高飞。这种情境下的李清照，忧心忡忡，度日如年。

建炎元年（1127）秋，金军再次进攻山东、山西、陕西等地，只有宗泽和王彦领导的八字军，以及马扩领导的五马山义军奋力抵抗外，其余大多数州府不是开门投降，就是弃城而逃。溃散的士兵或占山为王，或趁火打劫，与金军的凶恶相比，简直有过之而无不及。

这年十二月，青州发生以王定为首的兵变，郡守被叛军所杀。由于叛军纵火，李清照和赵明诚收藏的文物古籍，几乎全部被烧成了灰烬。

事情的经过是这样的：最初，当地有个叫赵晟的士兵，趁着金军入侵之机，聚众作乱。郡守曾孝序派王定领兵去平乱，结果大败而归。曾孝序不许他们进城，下令要他们戴罪立功，并且说，若不能平定叛乱就以军法处置。王定气急，就鼓动手下的残兵败卒，冲入了城中。曾孝序知道事情不妙，却也没有躲避。他在公堂上正襟危坐，厉声斥责叛贼，与其子当场被叛军杀害。郡守被杀，城里烧杀劫掠之事频发，青州陷入了混乱之中。

李清照和赵明诚大概没有想到，多年劳神费力所得之物，会在刹那之间化为乌有。其实，世间之事就是如此，有得必有失，有聚就有散。金石字画也好，良田美屋也好，繁华如锦也好，幸福如歌也好，纵然你再不舍，该去的时候也总会去。生于尘世，就避不开聚散得失。能做的，只是淡然视之。

可惜，世间之人，迷惘太多。

看不透，也就做不到得失随缘。

面对战火，李清照无能为力。尽管如此，她还是拼命抢出少量珍稀字画，其中包括蔡襄所书的《赵氏神妙帖》。当初在汴京的时候，赵明诚买这幅字花了很多钱。所有的积蓄都拿出来也不够，只好偷偷向母亲要了些钱，还从朋友那里借了几万，总算凑够了数。他对《赵氏神妙帖》非常珍视，只是离开青州的时候，大概是因为太匆忙，竟没有把它找出来。

李清照当然知道，《赵氏神妙帖》对赵明诚意义非凡，所以冒着危险把这幅字抢了出来。虽然没能将所有文物保护下来，但是身为弱女子，独自面对战乱，她已尽了最大努力。留住了赵明诚的心爱之物，她无比欣慰。

那场大火之后，李清照意识到，青州已不可驻留。几天后，她便带着抢出的字画，踏上了去往江宁的路。尽管，江宁也未必安稳，至少有个男子，可以给她乱世的温暖。因为这念想，她不怕山水迢递。

青州，并非烟水迷离之地，却是风轻云淡之乡。

至少，在战乱之前，这里是李清照最愿意停留的地方。

十几年了，烟光草色，流水斜阳，都曾与这素雅女子倾情相对。

她的年华和故事，都曾在这里临水照花。

可是，她必须离开了。临走时，她沿着故居屋后那条小溪，走到几里外的那座小山上。这里，草木葳蕤，溪流潺潺，环境很是幽雅。那些年，李清照与赵明诚，常于午后或黄昏来到这里闲坐，说天下之事，话纸上流年。想起过往时光，李清照忍不住感伤起来。最后，她与青州的山水树木默然作别，像是作别知己。

还是冬天。她孤单的身影，走在遥远的路上。

身边是岁月无垠，只见过往，不见未来。

春天到来的时候，她将结束那段旅程。

而现在，她还走在冬天，前途未卜。乱世之中，所有的旅程，都难说何处是终点。到镇江以后，遇到叛军四处劫掠，李清照几乎丧命。随身携带的字画大多被抢走，只有那幅《赵氏神妙帖》幸运地保住了。

历尽艰险，李清照终于到了江宁，已经是建炎二年春天。夫妻重逢，恍如隔世。过去的几百个日子，发生了许多令人悲伤欲绝的事情。母亲病故，山河破碎，使他们受尽世事无常之苦。说着别后的情形，无限感慨。

不过，相聚的欢喜，还是扫去了李清照心中的惊悸与凄惶。在赵明诚身边，她就像是归根落叶，没了飘零憔悴之感。赵明诚告诉她，数月之前，自己被任命为江宁太守兼江南东路经制使。李清照只是微微点头，并未显出欣喜之情。在路上的时候，她虽然日日担惊受怕，但是从未忘记河山破碎之事。对于偏安于江南的宋室君臣，她感到很失望。所以，赵明诚复出为官，她并不觉得是多么可喜的事情。

说起数月前青州发生的事情，得知多年心血已毁于大火，赵明诚无比心痛，却丝毫没有责怪的意思。他知道，失去那些文物，李清照也很难过。那样的局势下，这个柔弱的女子，已经做到了最好。更何况，她还冒着危险，为他带回了蔡襄的《赵氏神妙帖》。

这是个春江花月夜。李清照与赵明诚相对倾谈，月光之下，夜静山空。

虽是良夜，说的却不是情话，而是无垠的悲欢离合。

深夜，李清照已沉沉睡去。赵明诚在烛火下，为那幅《神妙帖》写了跋语："此帖章氏子售之京师，予以二百千得之。去年秋，西兵之变，予家所资荡无遗余，老妻独携此而逃。未几，江外之盗再掠镇江，此帖独存。信其神工妙翰，有物护持也。建炎二年三月十日。"

现在，李清照终于身在江南了。总是在想，这个才思翩跹的女子，就应是属于江南的；烟雨画廊，小桥流水，都应在她的笔下风情万种。想必，李清照也是喜欢江南的。

若可以，她大概愿意在这里流连。

不羡云，不羡月。

踏雪没心情

遗憾的是，她来错了时间。

乱世风雨，早已扰乱了江南轻软的梦。

而她自己，也带着些颠沛流离的无奈。

原本，江南是这样：山寺月中寻桂子，郡亭枕上看潮头；或者是这样：人人尽说江南好，游人只合江南老，春水碧于天，画船听雨眠。可是现在，似乎并非如此。

杏花春雨，烟柳画桥，在那段惨淡的岁月中，多了些哀伤，多了些沉默。它们与这才女，应是相见恨晚，却只能相对无言。山河破碎，世事萧条，江南梦里也不见了流光温婉。

李清照所在的江宁，也就是旧时的金陵，曾经无比繁华。秦淮河畔，玉笛声里，岁月嫣然。故事里头，王侯将相指点江山如画，书生红颜月下诗酒倾谈，楼台巷陌，尽是风情。故事外头，不见了风流旖旎，只剩下岁月苍茫。就像刘禹锡笔下所写：朱雀桥边野草花，乌衣巷口夕阳斜，旧时王谢堂前燕，飞入寻常百姓家。

金陵旧梦，醉了无数人。可是，多年以后，几许荒烟，几许残阳，映照着这里曾经的芳华。这个春天，李清照立在江宁的月光水岸，有的只是凄凉和悲愤。

北方天空下，依旧是风烟滚滚，万千生命无声凋零；江南云水间，莫名的细雨斜风，南宋君臣醉眼蒙胧。对于那些有血性人们来说，靖康之变永远是抹不去的伤痛和耻辱。然而，朝堂上的那些人，却无挥师北上的勇气。

可叹，只有少数人，支撑着整个王朝的骨气。

当英雄沉寂，大宋风华终将在烟水间变得轻薄。

此时的江宁很不太平，动荡与变乱随时都可能发生。放眼望去，石头城下江边满是流民的舟楫，大街小巷涌动着南下的逃难者。虽有长江之隔，亡国的迹象仍是清晰可见。面对这样的情景，李清照忧心忡忡，赵明诚也时常叹息。

那些天，赵明诚既无闲暇，也无闲心沉醉于金石书画之中。为了应付战乱，维护江宁秩序，他总是在忙碌。他曾托皇上近臣，劝皇上驻跸江宁。然而，宋高宗早已被大金铁骑吓破了胆，随时准备南迁。皇帝选择得过且过，江山也就似坠非坠。为此，赵明诚有些心灰意冷，李清照只好尽力劝慰。实际上，她自己何尝不是忧愤在心。

那两年，闲情逸致遍寻不着，李清照总是想起杜甫那首《春望》："国破山河在，城春草木深。感时花溅泪，恨别鸟惊心。烽火连三月，家书抵万金。白头搔更短，浑欲不胜簪。"安史之乱时，长安被攻破，杜甫目睹长安之萧条，无限感慨。

如今，河山被大金铁蹄踩碎，只剩下偏安的微弱气息。在李清照的眼中，整个世界，到处都是乱草荒烟。就连花鸟，也无不为之惊心落泪。这样的战乱时代里，无数人失去了家乡，只能流落江湖，将异乡做故乡。其中，就包括李清照自己。国破家亡，辗转流离，任谁都会痛苦，何况是感伤的李清照。

无论如何，那些风轻云淡的日子，是回不去了。

残破的年月里，早已没了西楼月满。

我们以为，风雅与快意，都是触手可及。半帘烟雨，几片飞花，就能在执手相看的刹那，缠绵如诗。然而，转瞬间，夜雨西风，山穷水尽，人生已不似从前。

如今，即使是飞雪的日子，也不能让李清照欢喜起来。踏雪而去，为的不是赏梅，而是寻找些许诗情。心里荒凉，到处皆是荒草。诗情画意，也就无处找寻。

宋代有个学者叫周辉，他在笔记杂史《清波杂志》中记载："顷见易安族人言：明诚在建康日，易安每值天大雪，即顶笠披蓑，循城远览以寻诗。得句，必邀其夫赓和，明诚每苦之也。"

踏雪寻诗。听来倒也是不错的情致，实则是无奈的寻寻觅觅。因为心情低落，每到下雪的日子，李清照就会登到城楼上寻觅诗句。戴上斗笠，披上蓑衣，在城楼上极目而眺，与远方默然相对。往往，她会拉着赵明诚同去。

赵明诚去了，但并非欣然而往。甚至，他总为这件事而苦恼。他身为江宁太守，有很多政务要处理，不能每次都陪李清照同去。而且，多年以后,他非常清楚,自己的才华远不及李清照,踏雪寻梅,煮酒对诗,总觉得自己会扫兴。但他,毕竟还是去了。

他知道,那些日子李清照过得不快乐。所以,尽管不太情愿,还是愿意陪着她。世事风雨飘零,但是他对她,仍是这样温情。试想,假如心已厌倦,他大可以拒绝前往。事实上,他不仅去了,还会和她的诗。偶尔,他们会在雪地上,说起岁月里尘封着的往事。

李清照踏雪寻诗,寻到的是这样的句子:南渡衣冠少王导,北来消息欠刘琨;南来尚怯吴江冷,北狩应悲易水寒。目睹了江山沦陷,百姓流离,帝王与臣子都不能为江山做主,李清照悲愤难平。有时候,她恨自己不是七尺男儿,既不能提笔安天下,又不能上马定乾坤。只能落笔于纸上,抒发心中的不平。

历史总是惊人地相似。王导是东晋渡江之初的宰相。五胡乱华之时,西晋也是两位皇帝被掳,元帝在建康建立东晋。南渡之初,过江的士大夫们经常在晴好的天气里,相邀在新亭聚会玩乐。甚至,有的官员说,此处风景与北方没什么不同,只是面前的山河已非故国故土。在座的官员闻之悲伤,王导突然庄重地说,正因如此,才应当同心戮力,收复大好河山,而不是像囚徒般相对而哭。

刘琨与王导同时。元帝未立之时,他上表劝进。晋室南渡之后,他仍然在北方坚持战斗,忠心不移,并派温峤到南方,同朝廷取得联系,深入分析当时形势,以图收拾旧山河。可惜,八百年后,同样的江山摇落,却没有了像王导和刘琨这样忠肝义胆且深谋远虑的臣子。有的只是贪生怕死之辈。豪情在心的李清照,没办法不愤慨。因为愤慨,所以事事无味。

庭院深深深几许，云窗雾阁常扃。
柳梢梅萼渐分明。春归秣陵树，人老建康城。
感月吟风多少事，如今老去无成。
谁怜憔悴更凋零。试灯无意思，踏雪没心情。

春江水暖，草长莺飞，最是江南梦好之时。

而她，面对江南春色，却是百无聊赖。

踏雪寻梅，吟风赏月，都成了旧事。

如今，飞雪的日子，梅花就在那里，她却似乎找不到。找到的，是渐渐凋零和苍老的心。灯火之下，是她憔悴的容颜；雪地之上，是她无家可归的凄寒。所有曾经的美好，此时都成了感伤的理由。四十五岁的李清照，再也没有了低眉浅笑。

眼中所见，只有尘世的荒凉。

烽烟乱世，冷月残年，整颗心没有着落。

所以，试灯无意思，踏雪没心情。

可怜春似人将老

总的来说，在江宁的日子，因为身在他乡，身受战乱之苦，又见朝廷无北上收复失地之意，李清照的心里不似从前那般清朗。当然，即使是国难当头，也不能日日眉头紧蹙，日子还是要过，诗词还是要写。岁月，还是要在手边落地无声。

建炎二年（1128）三月初三，李清照到江宁后不久，赵明诚备好酒宴，邀集亲族在家里小聚。三月初三，是传统的上巳节。《诗经》里面有这样的情节：清明时节，柳浪莺啼，溱水和洧水之畔，杏雨幽幽，桑云淡淡，青年男女踏着青草，相互追逐嬉戏，遇到心仪之人便互赠兰草。

后来，三月初三成了有情人相会的日子。李白诗云："箫声咽，秦娥梦断秦楼月。秦楼月，年年柳色，灞陵伤别。乐游原上清秋节，咸阳古道音尘绝。"漫步灞上，折柳相赠，箫声凝噎，这样浪漫的画面，在李清照还是少女的时候，每逢上巳节，总会浮想联翩。后来，她与赵明诚伉俪情深，也常在这个日子携手踏青。

不过，李清照最怀念的，却是七百多年前那场兰亭雅集。那时候，同样的日子，王羲之、谢安、孙绰等数十位文人墨客，在会稽山阴的兰亭雅集，曲水流觞，饮酒赋诗。半醉半醒的时候，王羲之笔走龙蛇，写下了"飘若浮云，矫若游龙"的《兰亭序》。作为才女，李清照对那样自在的画面总是神往。

这个三月初三，虽无青春男女的幽情，亦无文人雅士的风流，但是乱世之中，亲朋好友异乡相聚，饮着清茶淡酒，闲话世间百态，也是别有滋味。只是，没过多久，话题就转到了惨淡的时局上。金人的烧杀抢掠，百姓的流离失所，朝廷的退避躲藏，说起来让在场所有人都痛心疾首。

看到大家情绪低落，李清照忙说，虽国家经历巨变，朝廷毕竟还有半壁江山，而且江南富庶，若上下同心，卧薪尝胆，收复中原指日可待。说得壮志满怀，但她心里知道，如今的朝廷里面，文弱之人太多，血性男儿太少。挥师北上，收复河山，迎回二圣，很多时候只是敷衍世人的口号而已。

李清照说完，饮了半杯酒，沉默了。

秦淮河悠然地流着，不知人间世事几何。

许多故事，许多情怀，漂荡在水上，如涟漪，如浮萍。

后来，他们说起了岳飞。这位能征善战的将军，在抗金斗争中屡建奇功。他向宋高宗上书，指责黄潜善、汪伯彦等人苟且偷安，不图收复河山之大业。

岳飞是这样写的："陛下已登大宝，黎元有归，社稷有主，已足以伐虏人之谋。而勤王御营之师日集，兵势渐盛。彼方谓吾素弱，未必能敌，正宜乘其怠而击之。而李纲、黄潜善、汪伯彦辈，不能承陛下之意，恢复故疆，迎还二圣，奉车驾日益南。又令长安、维扬、襄阳准备巡幸。有苟安之渐，无远大之略，恐不足以系中原之望。虽使将帅之臣，戮力于外，终亡成功。为今之计，莫若请车驾还京，罢三州巡幸之诏，乘二圣蒙尘未久，虏穴未固之际，亲率六军，迤逦北渡，则天威所临，将帅一心，士卒作气，中原之地，指期可复。"

他写得合情合理，也确是为恢复中原的大计着想。没想到，朝廷不仅没有允准，还以越职论事之由，罢免了他的官职。岳飞很无奈，只好投奔河北招讨使张所，又在新乡、太行山等地与金军激战，多有战功。

岳飞，精忠报国的决心始终都在，收拾山河的壮志也从未熄灭。事实上，那个时候，策马天下不畏生死的将军并非没有，可是朝廷却让英雄们壮志难酬，他们的心只能凉了又凉。这年七月，七十岁的宗泽病故，临死前，他满含悲愤，连喊三声"过河"。出师未捷身先死，任何英雄都会为此落泪。更令他们痛心的是，有时候，跃马扬鞭，纵横天下，只是奢望。

说着岳飞的事迹，在座的几个年轻人早已义愤填膺。李清照始终沉默着。她在想，假如她非女流之辈，定会如那些大气凛然的将军，醉卧沙场，笑看生死。可是，若自己有万丈雄心，朝廷却只有退避偏安之意，那该是多么无奈的事情！

夜晚，宴会散场。李清照不无感伤。

每次面对离别，她的心总是空落落的。

说到底，相逢陌上人间，尽是他乡之客。

赵明诚倒是兴高采烈，因为表侄谢伋临走的时候，给他留下一幅画，是阎立本所画的《萧翼赚兰亭图》。这幅画描绘的是唐太宗御史萧翼从王羲之第七代传人僧智永的弟子辩才的手中将《兰亭集序》骗取到手献给唐太宗的故事。画的是萧翼和辩才索画，萧翼扬扬得意，老和尚辩才张口结舌，失神落魄；旁有二仆在茶炉上备茶；各人物表情刻画入微。

据说，《萧翼赚兰亭图》曾为后主李煜之物，赵明诚心仪已久。所以，客人走后，他马上拿着画携了李清照走到书房，将画展开在案几上，开始仔细欣赏。灯烛之下，两个身影，久违的画面。突然发现，他们已经很久没有这样，在泛黄的字画里忘情游走了。

关于这幅画，还有段插曲。因为太喜欢，赵明诚始终没有归还。想当年，对徐熙的《牡丹图》钟爱有加，但因为价格太贵，夫妇二人欣赏了两个晚上，最终将画原物归还。那时候，他们都很年轻。多年后，经历了官场的洗礼，赵明诚到底还是少了几分率真。

不过，至少这个夜晚，他们是快乐的。重温旧梦，转眼已是夜半。

外面，江南的春天，在尘嚣里沉睡着。

赏完了画，李清照仍是睡意全无。不知为何，方才看画的好心情，突然间消失了。仰望夜空，她又惆怅了起来。这情绪挥之不去，只好执笔在手，填了首《蝶恋花》：

永夜恹恹欢意少，空梦长安，认取长安道。
为报今年春色好，花光月影宜相照。
随意杯盘虽草草，酒美梅酸，恰称人怀抱。
醉里插花花莫笑，可怜春似人将老。

长夜，如天涯。东风陌上，吹不尽黄沙。

这个夜晚，以及许多个夜晚，李清照都是辗转难眠。南渡以后，政局动荡，金军不断攻迫，忧国伤时之情，总在心间游荡。就连原本隽永温婉的词句，也变得沉郁苍凉。眼前是江南，偏安的偏安，迷醉的迷醉。夜空下，遥望北方，看不见几点星火。

她只能去到梦里，遇见汴京曾经的美丽。可她知道，梦里所见，转眼即空。梦醒的时候，无边的春色，笼罩着忧愁。春将逝，人将老，国已丧，心已凉，这就是她此夜的心境。

假如，几笔随性的横平竖直，就能解开聚散离合，那该多好！

假如，几行清简的诗词歌赋，就能了断世事变迁，那该多好！

很可惜，世事如谜，没有人能解开。

李清照，还有很长的路要走。那是条风雨如晦的路。

其实，每个人都是红尘过客，走在遥远的路上。过山，过水，相聚，相离，不知身在何处。难怪泰戈尔说，生命如泅渡大海，我们相遇在狭小的船上。死时我们同登彼岸，又向不同的世界各奔前程。

生当作人杰

她只是个女子，惊鸿般掠过时光。

吟风赏月，儿女情长，似乎就是她人生的全部。

若这样认为，必然是小觑了她。其实，她是这样，既有婉约之心，又有豪迈之情；既能煮酒写诗，又能伤时感事。甚至，偶尔还有金刚怒目的雄壮之气。身为女子，之所以能在几千年的中国文学史上留下自己的名字，恐怕就是这个原因。

风花雪月，她可以尽情玩味。一袖清风，半窗明月，两三句平仄，她就在其中斜倚着栏杆，淡然如水。与诗书为伴，与山水为邻，她喜欢这样的清净。

可是现在，闲逸已被岁月带走，她开始了漂泊的日子。江湖夜雨，冷落天涯，都在前方等着她。岁月就是这样，如无法横渡的河流，看似风轻云淡地掠过我们，却给每个人留下了不可言说的厚重，或聚，或散，或悲，或喜。

李清照，记得那些清浅的似水流年。可是，河山破碎，生灵涂炭，让她难掩悲伤。庙堂上的人们，只愿栖身于江南，瑟缩着荒度流光。这个失去骨气的年代，更让她愤慨。

天接云涛连晓雾，星河欲转千帆舞。

仿佛梦魂归帝所。闻天语,殷勤问我归何处。
我报路长嗟日暮,学诗谩有惊人句。
九万里风鹏正举。风休住,蓬舟吹取三山去!

作为女子,纵然心忧天下,纵有胸有丘壑,终究是沉默。事实上,许多忠肝义胆之人,都无法让苟且偷安的南宋统治者们改变初衷,去收复河山。李清照是个性格爽直、柔中有刚、不愿受现实生活束缚的人,南渡以来,自己身影飘零,江山只剩一隅,她的心情可想而知。却也无法,只能在幻想中,跳出红尘,远离尘嚣。

乘着风,跨云雾,渡天河,归帝宫,入仙山,这样的豪放,俨然是东坡"我欲乘风归去,又恐琼楼玉宇,高处不胜寒"笔意。李清照,在残破的年光里愤然落笔,不经意间已是气势如虹。九万里风鹏正举,这是她骨子里的豪迈。

读这首词,总会随着李清照的想象,去往仙境,饱览云涛。万里云天,轻舟悠然而过,这样的画面,令人神往。但也能看出,虽然想象浪漫,词句间却隐藏着无奈。现实越是荒凉,幻想才会越华美。李清照的心中,其实是凄凉的。

我们以为,李清照只是个纤弱女子,清冷寂寞,人似黄花。

原来,她还可以这样:壮怀激烈,气吞山河。

越是身处乱世,生命的底色越会显露无遗。世事凌乱,岁月萧条,人在其中彷徨无定。于是,胆怯与苟且、自私与冷漠,人性的各种弱点都会被风雨洗刷出来,暴露在日光之下。平时安坐云下的人们,遇到乱世,画意诗情不在,剩下的,或许只有贪生怕死。

建炎三年（1129）二月，御营统制官王亦在江州城内起兵作乱。所幸，江东转运副使李谟，事先得知了王亦将要叛乱之事，他赶紧来见赵明诚，商量平叛对策。巧合的是，不久之前，赵明诚拿到了调任湖州太守的调令。于是，赵明诚以不便出面主持大局为名，让李谟全权处理。

李谟果断地采取了措施，他预测叛军所要经过的街巷，设了路障和伏兵。果不其然，当天晚上，叛军在天庆观纵火，企图大肆劫掠。由于李谟未雨绸缪，王亦的叛军没能得逞，最后只好破门而逃。

看上去，事情解决了，赵明诚虽有逃避之嫌，毕竟有调令在手也不算难堪。令人惊讶的是，天亮以后，李谟来向他汇报军情，却发现，堂堂的太守大人，竟然与另外两个官员缒城而逃了。原来，叛乱发生的时候，感觉到了危险，赵明诚和那两个人，从城楼上悬下绳索逃走了。

他倒是逃得潇洒，月黑风高，无人察觉。却不知，他逃了，倘若叛军得逞，满城的百姓就要遭殃。其中，还有那个纤弱的女子李清照。事到临头，这个男子身为父母官，不是当仁不让，而是逃之夭夭，弃自己的百姓和妻子不顾。赵明诚，在那个夜晚，懦弱无处掩藏。

他是个书生，醉心金石字画，流连花前月下，柔弱与怯懦似乎都有理由。但是，仔细想想，就是因为文弱之人太多，整个时代缺少了正气和骨气，大宋河山才会急速坠落，最终只能偏安于江南，苟延残喘。

对于赵明诚的行为，李清照很失望。在这之前，他在她心中几乎是完美的。温文尔雅，诗情画意，是这个男子。但是现在，她终于发现，这个男子骨子里是懦弱的，与许多畏畏缩缩的男子无异。数月后，李清照与赵明诚路过芜湖天门山，在和县乌江镇游览西楚霸王项羽庙，李清照写了下面这首《夏日绝句》：

生当作人杰，死亦为鬼雄。
至今思项羽，不肯过江东。

杜牧有首诗叫《题乌江亭》，内容是这样的："胜败兵家事不期，包羞忍耻是男儿。江东子弟多才俊，卷土重来未可知。"大概意思是，胜败乃兵家常事，审时度势，忍辱负重，东山再起，仍不失为英雄。性情直率的李清照，却不这样认为。项羽虽有退路，却宁愿自刎而死，不愿苟且偷生，这是他的性格。在李清照看来，这样宁折不弯的人，才是真正的英雄。

生当作人杰，死亦为鬼雄，这不是几个字的精致组合，不是几个词的巧妙润色，而是所向无惧的人生姿态。凛然风骨，浩然正气，充斥天地之间，直令鬼神徒然变色。想必，赵明诚看到这首诗，定会羞愧至无言以对。

在追思项羽的同时，对南宋当权者苟安江南的痛恨，也是清晰可见。都说退一步海阔天空，然而，一念之间，生命气质高下立判。士可杀不可辱，这是李清照欣赏的英雄豪气。在她看来，人生应是如此：活着要做人中豪杰，为国家建功立业；死也要为国捐躯，成为鬼中的英雄。

李清照，只是个女子，纤弱无骨之手，娇柔无力之躯，绕指缠心，凄切入骨，我们熟悉的，是这样的她。但是当她笔锋刚劲显现时，气势之凛然，敢问世间须眉几人可以匹敌？

尽管，对赵明诚很失望，但是作为妻子，为了他的颜面，她不能当面斥责他，只能将心伤寄予文字。即使如此，从前那些静好的画面，仿佛突然间染了尘埃，让她不愿回味。

心高气傲的李清照，难过了许久。

流水清风，烟柳江月，都没了意义。

无垠的人间，无垠的落寞。岁月，在喧嚣里沉默。

因为缒城宵遁这件事，赵明诚被罢了江宁太守之职，调任湖州之事也就无从说起。想起当日之事，赵明诚也很羞愧，数日郁郁寡欢。倒是李清照比他豁达，她虽然失望，但深知赵明诚只是个书生，研究书画最是拿手，做起官来却是力不从心，缒城而逃只因性情文弱。最终，她原谅了他。

事已至此，不屑也好，嘲讽也好，都无用处。毕竟，这个男子，曾给了她许多年的岁月静好。在赵明诚被罢官以后，他们决定远离纷扰，退隐林泉。生逢乱世，许多事无可奈何，这也不失为躲避战祸的办法。只是从此，颠沛流离开始了。

经过岁月，看透风景，我们以为可以到达彼岸。

蓦然回首才发现，远方之远，还在未知的路上。

故乡何处是

庄子说，生是流落他乡，死便回归故里。

三毛说，红尘万丈，茫茫人海，竟还是自己的来处。

想来不免悲伤，却又只能淡然。毕竟，红尘即异乡。爱恨情仇，是非恩怨，只是遥远路途上的风景，高下曲直，浮沉起落，或许早已注定。我们只是茫然经过。

赵明诚已被罢官，远处仍是战乱不断，江宁并非久居之地。想起那些年无风无雨的日子，甚是怀念。于是，李清照与赵明诚决定到江西赣江之滨隐居。他们计划，从江宁出发，先到安徽芜湖、当涂，再经过池阳，最后抵达赣江。就像，开始了这段旅程，就可以了断是是非非。但他们知道，乱世之中，许多事都会在不经意间发生。

建炎三年（1129）春，李清照与赵明诚雇了船，装上所有的古籍文物，离开了江宁。小桥流水，烟雨江南，还没有看清模样，却已作了别。与其说是感伤，不如说是迷茫。

远方的风景，或许只与远方相识。

人在旅途，足迹所至，尽是天涯。

这是个无声的烟花三月。

李清照踏上了旅程。或者说，她开始了流浪。那条路上，有斜阳晚照，也有落木萧萧；有灯帆渔火，也有水复山重。当然，还有看不到头的岁月迢迢。所有的芳草萋萋，都笼罩在远方的寥落里。很多时候，这婉约的才女，甚至没有栖身的地方。

事实上，上路的时候，她就开始感伤了。不仅因为离别，还因为，别后人各天涯，相聚遥遥无期。寻常的离别已让人黯然神伤，身处乱世，更是如此。看着江边送别的人们身影渐渐模糊，李清照无比伤心。

父母都已故去，尘世间，除了赵明诚，李清照最亲近的人只剩下弟弟李迒。她想起许多年前与弟弟相伴读书的情景。弟弟虽不如她聪颖，却十分刻苦。那时候,他们在明水,山明水净,云淡风轻,不识愁苦滋味。几十年以后,不仅没有了清幽宁静,就连安稳,也遍寻不着。

因为所携带的古籍文物数量巨大,李清照与赵明诚的船走得很慢。船行江水之上,他们也没有当年临风吟诗的雅兴,很多时候只是沉默。李清照有大把时间来回忆前尘往事。许多事曾经清晰如画,如今却是怎么都想不起来;许多事不愿意想起,却又偏偏总是浮上脑海。想着想着,甚是凄凉。

那些日子,她也常常想起写诗填词的历程。还是个少女的时候,她就曾暗下决心,定要跻身于须眉当道的词坛。多年以后,她的愿望实现了,月下花前,繁华寂寞,落笔之间尽是风情。她可以傲然立于众文人之间。但是转念想,那又能怎样?世事皆如梦境,人生几度秋凉,就连旷达的苏轼,也曾举杯凄然望月。

花前把酒,月下写诗,转眼已成了旧事。

终究,岁月太长,人生太短。

到最后,我们拥有的,或许只有惆怅。

风柔日薄春犹早,夹衫乍著心情好。睡起觉微寒,梅花鬓上残。

故乡何处是,忘了除非醉。沉水卧时烧,香消酒未消。

想起了北方,李清照又想起了不久前写的这首《菩萨蛮》。突然发现,江宁虽是异乡,至少还有个栖身之所。冬天去后,江南的风闲适恬静,偶尔她还有闲心插梅花于鬓发之上。而现在,人在船上,随波而走,不知前程几何。蓦然间,又感伤了起来。

故乡太远。尽管,诗人们总说,他乡亦是故乡。但这世上,有几人能在他乡找到归属感呢？迢递的山水，陌生的物事，都让人莫名地悲凉。对李清照这样心思细腻的女子来说，身处异乡，尤其是飘荡于江上，想起熟悉的炊烟草树，必然是心事成霜。

更让她痛心的是，把盏北望，只见烽烟弥漫。李清照多希望，南宋统治者能够北定中原。可她，到底是失望了。将军愿意战死沙场，皇帝却在饮酒作乐，在痛恨金人的同时，李清照更多的，是对朝廷的失望。

故乡，那个遥远的地方，许多人，许多事，早已归了荒草。她只有借酒浇愁，因为，只有沉沉醉去，才能将故乡忘掉。过去，即使身处远方，毕竟还有归处。现在，战火弥漫的尘世，人如零落草木，看不到回乡的路。乡愁，是她挥不去的江湖夜雨。

日暮乡关何处是，烟波江上使人愁。

异乡的愁绪，千古皆如是。

初夏，船过芜湖天门山。此地风景极佳，李清照和赵明诚停船上岸。芜湖天门山位于芜湖城北的长江东岸，系东梁山与西梁山的合称。两山夹江而立，宛如天设之门；远望又像妙龄女子的两道细眉，故又名峨眉山。

当年，李白出蜀辞亲远游，乘舟顺江而下，经过这里的时候，写了著名的七绝《望天门山》"天门中断楚江开，碧水东流至此回。两岸青山相对出，孤帆一片日边来。"快意与洒脱尽在其中。

四百年后，李清照经过这里，面对同样的景致，却是心情低落。毕竟，所处境况大相径庭。那时候的李白，正是风华正茂，只觉得人间到处都是风景。而此时，四十六岁的李清照，经历了沧桑变换，又因战乱而漂泊，所以面对秀水青山，也难免提不起兴致。

倒是青山下的田园，让她流连许久。竹林茅舍，小径炊烟，夹杂着鸡犬之声，恍然间仿佛身在桃源。战火之下，还有这样的恬静之处，李清照很是欣慰。可她又忍不住想，倘若战火烧到这里，这样的芳草田园就会被踩成碎屑。

那日，李清照与赵明诚又沿江而下，到乌江镇游览了项羽庙。西楚霸王，这力拔山兮气盖世的英雄，纵横人间多年，却落得自刎的结局。

无论如何，那个时候，美人如玉，剑气如虹。

画面氤氲如歌，已成了岁月深处的一抹嫣红。

关于项羽，有人说他豪情盖世，叱咤风云；有人说他刚愎自用，沽名钓誉。而李清照，独独喜欢他的凛然风骨。宁为玉碎，不为瓦全，这是李清照钦佩的性格。在她看来，退避与苟且，都非男子作为。不管对错，她的性格就是这样，简单而澄澈。

那日，枕着江水，遥望千秋岁月，李清照无限感慨。然后，她作了《夏日绝句》一诗，对那个被千万人不断品评的英雄，她的心中只有景仰。

或许，她曾想过，四面楚歌的时候，陪伴在霸王身边的那个红颜是她。他为她儿女情长，唱"骓不逝兮可奈何，虞兮虞兮奈若何"；她为他拔剑起舞，唱"汉兵已略地，四方楚歌声；大王意气尽，贱妾何聊生"。

就这么想着，不知不觉已是夕阳西下。回到现实，宋室江山仍在坠落，没有人，能将乾坤擎起。李清照与赵明诚，又上路了。江水之上，梦也摇摇晃晃。五月，他们到了池阳。本来想，停留几日，便去向赣江。没想到,赵明诚突然接到了圣旨,被任命为湖州太守。原来,隐于山水,不问世事,已经成了奢望。

滚滚的狼烟里,所有的人,都在流浪。

故事被碾压成尘屑,往事被湮灭成沧桑。

剩下的,只有流水落花春去也。

第六卷：风雨乱世自飘零

两个人的烟火，一个人的漂泊。
缘起即灭，缘生已空，转眼已是各自天涯。
来如春梦，去似朝云。世事不过如此。

来日并不方长

人生短暂，仿佛几寸光阴里的匆匆来去。

永远是这样，比岁月更长的仍是岁月，比远方更远的还是远方。

经过人间，意味深长也好，轻描淡写也好，不过是刹那尘缘。或许，遇见便不曾离开；或许，我们从未遇见。我们只是茫然地走过，然后飘出人海，从此与这尘世再无瓜葛。

离合聚散，恩怨是非，最终不过是冷暖自知。

为风景的幽美和静致而欢喜的人，也会为风景的黯淡和落幕而伤怀。

李清照与赵明诚，曾经以诗意情怀，将日子过得明快如诗。春花秋月，赌书泼茶，想起来已是无限的美好。可是，多年以后，岁月颠簸，战乱未央，他们安澜的日子都成了回忆。日月如旧，山河却已破碎，故乡成了他乡。漂泊的日子，李清照总是感伤。她却不知道，人生的苦难还远未结束。

建炎三年正月，金军连破徐州、泗州等重镇。二月，迫于形势，宋高宗戎装出逃，随行者只有五六骑，到瓜州后乘小舟渡到京口，接着逃到镇江。金军追到瓜州，未渡江的百姓有十余万人，坠江而亡者不计其数。其后，宋高宗又逃到常州，金人占领了真州和扬州，并且火烧扬州城，幸存者只有几千人。

不久，宋高宗抵达杭州，罢免了黄潜善和汪伯彦。四月，时局略有缓和，宋高宗离开杭州北上，五月初八，宋高宗到达江宁，驻跸于城西南凤凰台侧的神霄宫（即保宁寺），并立刻把江宁改名为建康。然后，宋高宗下诏命赵明诚出任湖州太守，并让他立即到建康觐见，接受任命。

数月前，赵明诚就曾接到移任湖州太守的诏令，还因此落了个缒城宵遁的名声，并最终被罢了官。没想到，他决定退隐，并已在路上多日，竟又接到了皇帝的任命。几分喜悦，几分茫然，赵明诚心里却清楚，皇命难违。

需要说明的是，赵明诚被罢官不久就又复太守之职，并非因为卓绝的政治才能，而是另有原因。首先，他的两位兄长此时都在朝廷身居要职。当年，李清照和赵明诚与他们商量回青州之事，他们选择了留在京城。只因他们知道，只有留在京城，仕途上才能有光明。韬光养晦数年，他们果然步步高升，完成了人生的逆转。

此时，大哥赵存诚为广东安抚使，掌管全省军政，相当于省军区司令员,同时还兼任广州太守;二哥赵思诚为中书舍人,相当于中央办公厅副主任。若不是有他们在朝廷,赵明诚恐怕不会在罢官之后很快被起用。

另外,金军步步紧逼,朝廷朝不保夕。官员逃避职责者众多,若都罢免回家,朝廷就会无人可用。不管怎样,赵明诚接到诏令,必须马上起程。他要去的地方,已由江宁改名为建康。

那里,有他的足迹,也有他的故事。

灯火与云烟,在乱世缠绵,成沧桑,成无常。

因为携带的东西太多,若再船运回建康,必然会耽误行程。于是,赵明诚和李清照商量后决定,他独自前去建康,李清照则留在池阳,照管所带之古籍文物,等到他面见宋高宗之后,回来接她赴湖州任职。

六月,他们在池阳作别。烈日之下,李清照问赵明诚,假如发生什么不测,她该如何处置。赵明诚告诉她,若是那样,别人如何,她便如何。万不得已的时候,先舍弃辎重,再舍弃衣被,再舍弃书籍和卷轴,最后舍弃古器。不过,宗器必须亲自携带,人在物在。赵明诚所说的宗器,是指家藏文物中最珍贵的,包括《赵氏神妙帖》、商代古鼎"父乙彝"等。

赵明诚骑着马走了。在李清照的视线里,他的身影越来越小,最终消失不见。

李清照,孤零零的身影,面对着兵荒马乱的时光。

小城里,日色如烟,山水如画,她都没有留意。

她能感受到的,除了酷暑难耐,便是孤独无依。

她渴盼着赵明诚尽快回来,带她去那个山明水净的地方。在他身边,哪怕辗转于江湖,她也觉得安稳。可是这次,赵明诚回不来了。

七月底，李清照忽然接到赵明诚的来信。赵明诚在信中说，他得了疟疾，希望李清照尽快赶到建康城。原来，在炎热的天气下纵马疾驰数日，他中了暑，又急于想要康复，自行服用了柴胡、黄芩等降温散热的寒性药物，结果病情非但没有得到控制，还转成了疟疾，腹泻不止。看完信，心急如焚的李清照决定立即出发。她将所有的财物托付给了房东，马上就乘舟起程了。因为顺风，三百里的路程，大半天就到了。

建康城里，她见到了赵明诚。可是，此时的赵明诚已经病入膏肓。她从未见他那样憔悴，只是瞬间，已是泪如雨下。她拉着他的手，半天说不出话。如果可以，她愿意倾尽所有去换回他的健康。但是很遗憾，那只是她的一厢情愿。

在过去的几十年里，他们有过离别，李清照也曾在深深庭院里愁怨无所寄托。甚至，因为侍妾之事，他们之间还出现过裂痕。但她从未想过，他们会突然间天人永隔。但是现在，他们靠得很近，她却知道，他们渐行渐远。

此后的半个月，李清照请了各方名医来医治赵明诚，自己日夜守候在他身边奉汤伺药，却没能让他好转起来。赵明诚的病，已非金石汤药所能奏效。病床上那个气若游丝的男子，再也没有站起来。

生命的重量，聚散与离合，他都已无力支撑。

岁月，已在他身后，安静地掩上了门。

建炎三年八月十八日，赵明诚在弥留之际，无神的双眼紧盯着李清照，似乎有许多话想要嘱托，却终是没能说出来。他不想就此离去，将面前这个女子留给残破的岁月。但是没办法，生命就是这样，来如风影，去似落叶，没有谁能够掌控。

看着深爱着的男子在自己面前渐渐走向沉寂，李清照心如刀绞。突然，赵明诚使出最后的力气伸出右手，向窗前的书桌上指了指，晦暗的双眼也朝着手指的方向望去。李清照转过头，看见桌上堆放着厚厚一叠稿纸，是《金石录》的未定稿。她马上明白了，赵明诚是要嘱咐她，将这部书稿整理完善，让它早日付梓问世。多年相守，心有灵犀，许多话无须说出，对方已经明了。可惜，这样的默契，即将画上句号。

赵明诚的结局，如李清照在《金石录后序》所写："八月十八日，遂不起。取笔作诗，绝笔而终。"这个温雅的男子，就这样离开了李清照。红尘巷陌，烟雨湖山，再与他无关。他是个学者，少了些豪放，少了些勇敢，并因此被世人指摘。然而，就是这个男子，给了那才女二十余年的快意人生。此后，直至客死他乡，李清照对他的追忆始终没有消褪。

时光那头，他们曾真心爱过。花月如诗。

只是，爱情未消逝，有人却先行离开了。

说过的永远，刹那间没了落脚的地方。

生命来来往往，来日并不方长。

千山暮雪

李清照，曾经绚烂如夏花。那些如水的年月，烹茶煮酒，听风看雨，以为，有莲心妙笔，画山水田园，就可以寄身其中，忘却春秋变换。可是现在,年华已老,世事凄迷,手边的物事,草木斜阳,都带着些荒凉意味。

赵明诚在的时候,人间纵然万事不堪,至少有个地方可以停靠。赵明诚不在了,红尘就成了无垠荒原,她如飘萍,无处落脚。建炎三年秋天,赵明诚在李清照的面前,静静地闭上了眼睛。李清照万千不舍,却又无力挽留。她只能放逐自己,在悲伤里。

他走了。是个晴好的日子,云天和流水,草色与烟光,还在别人的故事里浮光掠影。而他们的故事,却在刹那之间,没了下文。故事的结尾,他们没有作别,只是蓦然间分开,从此天上人间。

秋微在《莫失莫忘》里说,世间最大的遗憾是,我们能好好开始,却没能好好告别。其实,很多时候,不是我们不愿告别,而是来不及。岁月尘埃无边,生命萍踪无定,许多离别来得太匆忙,蓦然间已是两处天涯。

赵明诚离去后,李清照悲伤了很久。那些日子,她就像是迷失在暗夜,看不见半点灯火。恍惚之间,她觉得自己老了许多。这场永别,让这女子几近绝望。果然,如辛弃疾笔下所写:若教眼底无离恨,不信人间有白头。

后来,李清照渐渐从悲痛中走了出来。

可是,那人已不在,整个世界,没了风景,也没了栖身之所。

万里层云,千山暮雪,她终是形单影只。

往事不堪回首,许多画面却总是飘过心间。汴京城,她们初见欢喜,再见已是倾心;蹴罢秋千,她倚门回首,只为偷眼看他;归来堂里,赌书泼茶,流年不惊……曾经以为,这些情景只是寻常,没想到,转眼间,都成了陈迹。如今,独倚西楼,冰冷的年光里,只剩下荒烟蔓草。

赵明诚下葬以后,李清照渐渐平静了下来。她为赵明诚写了篇祭文,名为《祭赵湖州文》。可惜,多年以后,这篇祭文只残存了只言片语。在祭文中有这样两句:"白日正中,叹庞翁之机捷;坚城自堕,怜杞妇之悲深。"

宋代释道原《景德传灯录》里有这样的故事:唐代襄州禅门居士庞蕴在寂灭之前,叫其女灵照出门看天时。正午时分,灵照进屋报告说,日已正中,但有日蚀。庞蕴于是出门观看,回来时,只见灵照已在他的座位上合掌坐化了。庞蕴见状,夸灵照机锋比他快捷。七日之后,庞蕴才寂灭。用这个典故,李清照的意思是,赵明诚先她而去,远离了红尘俗世,相较于孤苦伶仃的她,处境倒也是好的。悲痛落寞之情,不言而喻。

后半句则是用了孟姜女哭长城的故事。杞梁战死,其妻向城而哭,竟将长城哭倒了。那个秋天的李清照,悲伤恐怕不亚于孟姜女。秋风吹过,前尘往事,都成了荒丘,在心中堆着,默不作声。悲伤无处言说。

赵明诚去世以后,李清照写自己孤独寂寞生活的作品比较多,但是直接的悼亡诗词却很少。大概就像鲁迅先生所说,长歌当哭,势必在痛定之后。一个人若是长时间沉浸在悲痛之中,很难静下心来,将悲痛诉诸文字。半年以后的初春,李清照写了下面这首《孤雁儿》,明为咏梅,实为悼亡,寄托了她对于赵明诚的深挚感情和凄楚哀思。

藤床纸帐朝眠起,说不尽、无佳思。
沉香断续玉炉寒,伴我情怀如水。

> 笛声三弄，梅心惊破，多少春情意。
> 小风疏雨萧萧地，又催下、千行泪。
> 吹箫人去玉楼空，肠断与谁同倚？
> 一枝折得，人间天上，没个人堪寄。

赵明诚去了，从此没了消息。李清照，只能独自饮下秋凉，黯然神伤。西楼之上，往事如冰。清风如旧，明月如旧，故事却已无从说起。从前，纵然离别，还有个人可以去念想。可如今，隔着红尘，连相思都没了去向。帘内的憔悴身影，帘外的梧桐细雨，互相望着，对白是沉默。

半年以后，她在漂泊。悲伤并未消减多少，陌上人间仍如荒野。事事堪惆怅，所以辗转难眠。那日，她很晚才起来。日光之下，是她熟悉也陌生的春天。沉香早已燃尽，香炉也已冷却，像极了她心底的凄凉。日日百无聊赖，夜夜百转千回，就是李清照的处境。

不知何时，窗外传来笛声，曲子竟是她喜欢的《梅花三弄》。在青州的时候，李清照和赵明诚曾说起《梅花三弄》的典故。东晋时期，桓伊善吹笛，能弹筝。有一次，王羲之的儿子王徽之进京时，泊船于青溪侧，恰好遇到桓伊乘车从岸上经过。船上有人说，他就是知名音乐家桓伊。王徽之觉得好奇，让人过去请桓伊为自己吹奏一曲。

桓伊此时已甚为显贵，而且与王徽之素不相识，但他知道王徽之是狂傲不羁之人，颇有竹林之风，曾经雪夜行船拜访琴家戴逵。于是，他马上谦逊地下车，为王徽之吹奏《三调》之曲，一弄寒山绿萼，二弄姗姗绿影，三弄三叠落梅，笛声悠扬，曲意深长。吹奏结束，便上车走了。自始至终，两人并无对话。但是惺惺相惜，各自欣赏对方的风流才情，一切尽在不言中。

李清照与赵明诚也曾心有灵犀。可是如今，天人永隔。就算笛声能让所有梅花绽放，惊醒整个春天，又有什么意义？爱情，如歌里所唱：问世间情为何物，只教人生死相许；看人间多少故事，最销魂梅花三弄。

听琴看月，对酒赏花，都成了遥不可及的画面。

无论春秋，都是属于她的地老天荒。

偏偏，细雨萧萧地飘着，飘入了心底。于是，眼中所见，耳中所闻，红尘旧事，陌上云烟，都在雨中变得潮湿，化作泪水，落地成霜。

人去楼空，只这四字，就足以让人感伤许久了。两个人的缱绻，一个人的悲伤，中间隔着山高水长。而此时，李清照与赵明诚，隔着的，已非距离，而是人间天上的缥缈。曾经，他们就像萧史和弄玉，夫唱妇随。而现在，空荡荡的世界，只有她自己，柔肠寸断。

蓦然间，她想起了多年前那个春天。那时候，她和他结为伉俪不久。她在小巷里买了一枝梅花，回到家里斜插在发间，问赵明诚，她与梅花谁更美。可是现在，折得梅花，西楼上的时光，终是无人与她相共了。

李清照想起了那个典故。南北朝的时候，陆凯与范晔是好友，分别在南方和北方，陆凯曾折梅花寄给身在长安的范晔，并赠诗一首："折梅逢驿使，寄与陇头人。江南无所有，聊赠一枝春。"后来，这个典故就用来形容两个人情意深长。陆凯与范晔隔着江水，可以遥寄梅花。而李清照自己，梅花也好，心事也好，都没个投寄的地方。这是她的孤独。

因为这孤独，春秋冬夏，几无声息。

填词写诗，也不过是浪迹天涯。

往事迷离。落笔时,已没了痕迹。

天 涯 漂 泊

住在秋天。听来闲散,其实是凄凉的况味。

栖身清秋时节,原本就是漂泊。

连天的衰草,沉默的荒烟,从来长不出欢喜。轻云淡月,碧水蓝天,都离人太远。往往是这样,种下寂寞的雨,长出无边的愁。独自的时候,已是如此。若离思在心,秋天几乎就是坟茔。对李清照来说,那个秋天便是如此。

整个世界,仿佛到处都是赵明诚的身影,却又无比遥远,触不到,摸不着。于是,落寞的她,遗忘了时光,也遗忘了情怀。书卷里的千山万水,琴弦上的春江花月,都遍寻不着。看得见的,是风中飘零的黄叶。李清照的心境,大概就如人们所说:你在的时候,你是全世界;你去了以后,全世界是你。

赵明诚去世以后,李清照又大病了一场。即使如此,孤苦伶仃的她,还必须思考该何去何从。外面的世界,遍地都是烽火。金军仍在步步紧逼,建炎三年八月,宋高宗已离开建康,向浙江西部逃亡了。

病情好转以后,李清照立即乘船到了池阳。那里,有两万多件古籍图书,两千多卷的碑刻金石的拓本和摹本,还有不少其他文物,都是赵明诚的毕生心血。而且,这些物件里,有他们情投意合的回忆。李清照心想,无论如何，都要保护它们的周全。

所有的古籍文物都完好无损，李清照拿出丰厚的钱物报答了房东。现在，摆在李清照面前的有两个难题，首先是她自己该去往何处，其次是这些文物该如何保护。这些文物，既不能使之毁于战火，也不能使之落入金人之手。经过深思熟虑，李清照决定，将文物运往洪州，也就是现在的江西南昌。

当时，赵明诚的妹夫，任兵部侍郎的李擢，正在洪州护卫逃到此处的隆佑皇太后。隆佑皇太后，是宋哲宗的皇后，金军攻陷汴京的时候，她因住在民居，幸免于难。在李清照看来，洪州远离战火，是个比较安全的地方。所以，她委托赵明诚原来的两位下属将池阳的大部分书籍和金石碑文，护送到洪州交给李擢。她心想，李擢握有兵权，定能保全这些文物。

没想到，又是事与愿违。这年十二月，金军攻陷了洪州。在此之前，李擢已护送着隆佑皇太后离开了洪州，逃到了黔州。金军的战马声此起彼伏，他重任在身，显然没有余力来保护这些文物。结果，数以万计的金石图书，尽数毁于战火。

时光，与我们同行，却似乎总是先行一步。

想去的地方，想看的风景，时光总会先行抵达。

然后，悄然间，埋下风霜和雨雪。

失去大部分的文物，李清照无比难过。不仅因为那些物件价值连城，还因为，她觉得无法向赵明诚交代。但也没办法，世事变幻总让人措手不及。何况，万里江山，都在风雨飘摇。

到现在为止，李清照和赵明诚多年收集的文物，经过青州和洪州两次浩劫，已是所剩不多。拿李清照的话说，剩下的是岿然独存。算起来，剩下的文物大概有四种：第一种是少量的、小篇幅的拓本和摹本；第二种是李白、杜甫、韩愈、柳宗元等人的诗文集的手抄本；第三种是几十轴从汉代到唐代的石刻的副本；第四种，就是当时在池阳离别时，赵明诚所说的宗器，其中有《赵氏神妙帖》，还有十几件夏商时期的鼎。

建炎三年冬，李清照带着剩下的文物离开了池阳，她是循着宋高宗逃亡的路线行走的。要知道，当时的宋高宗，被金军追得狼狈不堪，他出现的地方都不安全。李清照原本可以找个相对安稳的地方隐居，之所以走那条颠沛流离且危机重重的路，首先是为了与弟弟相聚。在赵明诚离世后，尘世间，李清照的亲人只剩弟弟李远。如今，李远在朝廷任敕令局的删定官，职位虽然不高，却是皇帝近臣。在宋高宗逃亡的时候，他始终跟随着。

更重要的原因是，那段时间，朝廷上下突然冒出流言，说赵明诚生前曾将一把玉壶献给了金人，这可不是小事。如果说，当时缒城宵遁是玩忽职守；那么，把玉壶献给金人，就是卖国之罪。金人的战马踏碎了大宋河山，还将宋高宗追得寝食难安，若罪名属实，与赵明诚有关的人都会被株连。

在《金石录后序》里边，李清照对这件事的前因后果都做了非常详尽的交代。原来，当初赵明诚在建康城病重的时候，有个叫张飞卿的学士来探望，随身携带着一把所谓的玉壶，说是家传宝物，请赵明诚鉴别。实际上，那根本不是玉壶，而是由珉石制成。由于赵明诚病得太重，李清照开门送客，张飞卿只得带着那把壶告辞而去。

事情就是这样，但流言却是沸反盈天。至于为何会有这样的流言，想必还是因为那些文物。人们都知道，赵明诚为了收藏文物，从来都不惜钱财。他所收藏的，很多都是价值连城之物。在他死后，制造谣言，使李清照蒙冤入狱，从而浑水摸鱼，这样的事是很有可能的。

毕竟，人心叵测，世态凉薄。

你有你的机关用尽，他有他的如意算盘。

这世上，多的是落井下石，少的是雪中送炭。

流言让李清照惶恐不安。她知道，假如皇帝认定赵明诚罪名成立，不但所余文物会被查抄，她也会有性命之忧。而且，她很清楚，上自皇族公卿，下至布衣平民，都可能觊觎她仅存的那些文物。她只是个弱女子，实在无法保证这些文物不旁落他人之手。

思虑再三，李清照认为，与其坐以待毙，不如弃物自救，干脆将剩余文物尽数献给朝廷，驱散漫天的疑云，倒也落得清静，总好过整天胆战心惊。这是个很艰难的决定，但李清照相信，赵明诚地下有知，定会明白她的苦心。

很快，李清照就带着文物追献去了。可是，皇帝却不是想追就能追得上的。那两年，宋高宗总是在逃亡，辗转于江南各地，早已是风声鹤唳草木皆兵。他总是神出鬼没，声东击西，费尽心机，与金人周旋。李清照也就循着他的足迹，四处漂流。

那条路上，病痛与离思，憔悴与寂寞，始终缠着李清照。国破家亡，丈夫病故，自己又病体缠身，却还要经历风雨凄凄。与此时的处境相比，从前所有的聚散悲欢，都只如叶随风动。

很长时间了，她有许多苦楚想对人诉说，却只能独自咽下。心想着，不久之后就可以与弟弟相见，她的心里甚至有几分喜悦。然而，抬眼望去，山是山，水是水，不见来处，不见归途。

烟雨江南，如今迷离的，是看不分明的前方。但她，倔强地走着，只是偶尔停下脚步。漂泊也好，流浪也好，既然上路，便义无反顾。只是路上，到处是荒烟，和流亡的身影。

依稀看到，那瘦弱的身影，经过道路，也被道路经过。

流浪的日子，风的上面是风，路的前方是路。

没有桃李春风，只有江湖夜雨。

岁月，悬在漂泊的心头。

风定落花深

生命如尘。落定，便是归去之时。

从此，风里的故事，月下的徘徊，都成了过往。

电影《艋舺》里有这样的台词："风吹向何方，草就倒向何方。年轻的时候，我们以为自己是风。可是最后遍体鳞伤，才知道，原来我们都只是草。"说得多好！

每个人，风华绝代也好，恣肆飞扬也好，最终不过是浮萍逐浪，在这苍茫的世间，与岁月结一段烟火尘缘。到最后，我们都将斜倚残阳，沉吟岁月，嘲笑自己曾经的年少轻狂。

年轻的时候，她骄傲，她清高，敢于对当世众多文人评头论足，言语间满含不屑；年轻的时候，她幸福，她自得，与那个倾心的男子朝朝暮暮，占尽人间风流。年轻的时候，她是疏狂的李清照。

而现在，年华与故事，都被岁月的风吹得荒烟弥漫。护花之人已去，如水时光已去，只剩下漫长的夜，等着她去点亮孤灯，照满世界的凄凄惨惨。她并非了无牵挂，却好似独自人间。浮萍于世，就是如此。

追着皇帝进献文物，听起来甚至有些滑稽。但事实就是这样，宋高宗在前面逃亡，金军在后面穷追不舍，李清照夹在中间追献。很显然，这个柔弱女子所面临的，不仅有路上的凄风苦雨，还有无处不在的危险。

宋高宗亡命天涯，自然是轻舟快马，李清照却带着文物，行路缓慢了许多，所以她始终追不上。狼狈的宋高宗，逃亡路线很是曲折。他从建康出发先到镇江，又从镇江到越州，即现在的绍兴；从越州赶到明州，即现在的宁波；又从宁波上了舟山岛，乘船到了台州；然后，从台州的章安走海路，逃到了温州。建炎四年夏，金军从江南撤军，他又折回了绍兴。

那是条风雨长路。李清照默默地跟随着，饱受流离之苦。动荡不安的岁月，吉凶未卜的孤旅，连男子都难以承受的重量，却压在亡国丧夫、心力交瘁的李清照肩头，是何等的残忍。而她，竟然走过去了，沉默却坚定。

生活就是这样，你退避三舍，它也不会因此变得温柔。

人生中，有笛声里的杏花疏影，也有古道上的断肠西风。

最重要的，或许不是走哪条路，而是在每条路上，都走得不卑不亢。

建炎四年（1130）春，李清照来到了台州。不久前，台州守臣晁公武已经弃城而逃。数月的辗转，李清照已经疲惫不堪，甚至连愤慨的力气都没有了。偏偏，帘外风起，落红无数，勾起了心事。落笔风前，满纸都是凄凉。

风定落花深，帘外拥红堆雪。长记海棠开后，正伤春时节。
酒阑歌罢玉尊空，青缸暗明灭。魂梦不堪幽怨，更一声啼鸠。

即使是从前，身处幸福之中，李清照也总会为落花而悲。而此时，世事破败，岁月疏离，漂流在异乡，面对花落成尘，伤感可想而知。多年前，虽然情境相似，至少还有个卷帘之人，告诉她海棠依旧。

而如今，她却是茕茕孑立，形影相吊。那个懂她的人已不在人间，伤春悲秋，只有自己知道。酒杯里的浮生，青灯下的幻梦，在杜鹃的啼血之声里，都化作了幽怨。正是：休说生生花里住，惜花人去花无主。

风中花影，与那窗前的人影，何其相似！

流水东去，带走了绚烂，也带走了芳华。

珠帘遮不住光阴，她只能独自凭栏，任心事被风吹寒。

李清照终于发现，带着那些文物很难赶上皇帝的步伐。于是，她将携带的大部分文物，寄存在了剡州。令她悔恨不已的是，不久后，这里发生了叛乱，在平叛的过程中，这些文物消失得无影无踪，后来她听说，被一个姓李的将军悉数纳入囊中了。总之，硕果仅存的文物，又失去了大半。李清照很难过，却也无计可施。乱世里头，处处都有风吹雨打。

这年九月，刘豫在金人扶持下建立了伪齐政权，受金人册封为文帝。刘豫这个人，可谓民族败类。建炎二年冬天，金军进攻济南，身为太守的他，受金人利诱投降，其后便心甘情愿被金人差遣。此时，被立为帝，更是乐不思蜀，配合金军攻宋。

事实上，战乱年代，这样卖主求荣的人并不少见。忠义二字，岂止千钧万钧，不是灵魂卑劣之人能够扛得起的。曾经与康王赵构同在金国做人质的张邦昌，在靖康之变后，也选择了投降，在金人的扶持下，做过傀儡皇帝。只不过，三十三天后，赵构即位做了皇帝，他被流放到长沙处死了。对于刘豫和张邦昌的卑鄙行径，李清照深恶痛绝。她写了首《咏史》诗，表达了嫉妒的愤慨：

两汉本继绍，新室如赘疣。
所以嵇中散，至死薄殷周。

诗虽然很短，意思却很明白。她说，从西汉到东汉，本是历史的选择，但是西汉末年，王莽篡汉，创立了所谓的新朝，就像多余的毒瘤，只会遭人唾骂。无疑，这里说的虽是王莽，骂的却是刘豫和张邦昌这样的无耻之徒。

他们，虽被扶植称帝，却不过是别人手中的玩偶。贪了富贵与荣华，失了人格和气节，只留下千古的骂名。他们存在过，却只如尘垢。青史之上，没有他们立足的地方。

嵇康因为曾拜中散大夫，故称嵇中散。印象中，他是风神俊逸的，也是恣肆不羁的。同时，才情也十分了得，长于诗文，善于琴乐，工于书画。更重要的是，他个性凌厉傲岸，鄙薄世俗礼法，也鄙薄权贵公卿。

李清照也是个性独特、不拘礼法的人。假如她是个男子，又恰好生于魏晋时期，或许也会如竹林七贤那样，纵情山水，放浪形骸。我想，对于嵇康，她定是仰慕的。

当年，竹林七贤之一的山涛，耐不住寂寞，做官去了，并且推荐嵇康为官。嵇康很生气，给山涛写了封绝交信，也就是著名的《与山巨源绝交书》。在信中，他说自己"非汤武而薄周孔"。意思是，他鄙视商汤和周武王，只因他们通过篡权夺得了天下。同时，他也鄙视赞同汤武革命的周公和孔子。

实际上，他真正看不起的，是阴谋篡夺曹魏江山的司马氏集团。他也并非说说而已，为了与司马氏划清界限，他宁愿在城外打铁，也不愿入朝为官。司马昭几次相邀，都被他冷冷地拒绝了。最后，嵇康被处死了。刑场上，三千名太学生要拜他为师，这是历史上少见的感人画面。嵇康要过琴来，将《广陵散》弹成了遥远的绝响，然后从容赴死。

九百年后，刘豫等人卖国求荣，企图篡夺大宋江山。如嵇康这样大义凛然的正直之人，却已遍寻不着。倒是那飘零憔悴的女子，站在历史之前，说着是非对错。在她刚劲峭拔的词句里，满是感慨和苍凉。

李清照，只是个女子，但是看着河山破碎，还有人助纣为虐，她实在做不到沉默。就在她写这首诗的时候，世间无数女子瑟缩着身体，因为战乱，她们比寻常更加怯懦。江山起落，人性泯灭，似乎都与她们无关。事实上，怯懦的不只是她们，还有无数须眉。金人得陇望蜀，朝廷退无可退，他们只会苟且而已。

写这首诗的时候，是个秋天。李清照仍在流亡。

她在南方，看不到北方的落叶。

雁阵惊寒，心事已搁浅。

梦远不成归

喜欢李清照，只因在她的才思背后，更有率真孤清的性格、悲天悯人的心肠，以及忧国忧民的情怀。然而，上天却并不因此而垂怜于她，在她坐看云水的时候，将她抛给了岁月的荒野。

层楼上弄月抚琴的女子，如今走在流浪的路上。

风霜，雨雪，流水，落花，与她相遇，然后别离。

沿途所见，说是风景，却都无处停留。漫长的路，冷冷地打量着她，笑她憔悴。李清照终于明白，真正的远方，不是路途漫漫，而是路上的迷惘。

建炎四年春，发生了著名的黄天荡之战。金军追了宋高宗大半年，始终未能如愿虏获，大肆劫掠后准备北撤。韩世忠得到消息，暗地率八千人奔赴镇江，堵截金军。金兀术受阻，派人与韩世忠约定决战日期。决战那日，韩世忠率领众将士奋勇拼杀，金军大败。长江北岸金军得知兀术大军被截，派船来接应，却被宋军截住。

金兀术无计可施，只得向韩世忠买路渡江，表示愿献出江南掠夺的全部财物，遭到韩世忠的严词拒绝。金军在黄天荡被困长达四十八天。后受人指点，趁夜开凿河道三十里，金军得以逃往建康，却又遇到宋军扼守。后来，经过改造舟楫，并利用火攻击败了宋军，金兀术得以渡江北归。但是，黄天荡之战沉重地打击了金军的嚣张气焰，扭转了宋军总打败仗的局面。

金军渡江北去，宋高宗终于得到了喘息之机。这年秋天，四处避难的宋高宗，又到了绍兴。这是座历史悠久的古城，夏朝少康中兴时，就曾封庶子无余于此。春秋时期，绍兴是越国的都城，当时叫会稽。

第二年（1131），宋高宗取"绍祚中兴"之意，改年号为绍兴。当年，越王勾践卧薪尝胆十年，终于灭掉了吴国雪了国耻。可悲的是，宋朝的统治者却没有这样的志气。逃之夭夭，是他们不喜欢却最擅长的事情。后来，枕着云水，歌舞升平，在江南梦里流连忘返，恍惚间以为，这里便是全部的河山。

四年前的靖康之耻，徽钦二帝被囚禁于五国城，亿万生灵被外族人践踏，这些事，宋高宗都清楚。可他就是没有勇气，去面对金戈铁马。同时，他始终在想，倘若二帝还朝，他将失去皇位，这是他不能接受的。身为皇帝，如此为人，他的生命无疑是卑微的。所以，尽管在位三十余年，仍无法对青史有个像样的交代。

绍兴元年初，李清照抵达绍兴。她在这里租房子住了下来，很快就见到了弟弟李迒。多年未见，欢喜自不必说。只是，谈及已故亲人，两人都不胜凄凉。

夜来沉醉卸妆迟，梅萼插残枝。酒醒熏破春睡，梦远不成归。

人悄悄，月依依，翠帘垂。更挼残蕊，更捻余香，更得些时。

孤独如草，遇到黑夜，就可以绵延千里。

这个夜晚，李清照与孤独为伴。想起北方，想起青州，想起曾经的小园香径。毫无疑问，也想起了亡夫赵明诚。他去得太远，从此杳无音讯。以前，思念的时候，还可以鱼雁往来。而如今，锦书写好，却不知寄向何处。悠悠地想着,越来越感伤,李清照只能让自己醉在酒杯里。

她的确是醉了,没来得及卸妆就沉沉睡去了。梦里,她又回到了故园。轻轻叩开门扉,熟悉的亭台,熟悉的芳草。小楼上亭亭的女子,倚着栏杆,托着腮望着远方。那是未知的地方,盛筵离歌,宿命尘缘,都在那里,遥望着她似水的年华。

然后,她醒了。几分不舍,几分幽怨。

夜空下的人间,总有故事开始或结束。

而李清照的故事,只剩独自吟唱的夜歌。

大概是因为漂泊了太久,此时的李清照无论身在何处,总有萧索之感。我想,若不是身处战乱之中,又失去了最爱的人,李清照应该可以将江南的日子雕刻成诗。虽然青春不在,但至少可以与山光水色温柔相对。可是现在,青石小巷,烟雨楼台,都不能给她归属感。只因,没那份闲情。

春残何事苦思乡,病里梳头恨发长。
梁燕语多终日在,蔷薇风细一帘香。

暮春时节,她又在惆怅了。思乡和思人的心绪笼罩在心间,挥不去,成了伤。因为百事无味,梳头的时候竟然怪头发太长。梁上的燕子终日呢喃,说着自己的幸福。而她,只有自己,如落花,冷暖少人知。风吹帘动,蔷薇的香气透进来,也是无心细嗅。这是个无言的春日,流水落花,天上人间。

对李清照来说,绍兴是个不错的地方,至少在最初,地理人文,山水云月,她都喜欢。可是后来,这样的感觉几乎荡然无存。她把仅剩的文物字画藏在自己的床下,唯恐再丢掉。没想到,在她外出的时候,墙壁被人挖开了洞,她视如生命的旧物又被偷走了大半。如此,当年节衣缩食收藏的文物,已经所剩无几,关于赵明诚叛国的流言已没了声响,追献也就失去了意义。

文物被盗后,李清照既心痛又气愤,不几日又病倒了。绍兴二年(1132)初,宋高宗到了杭州,他看上了这水光山色冠绝东南的人间天堂。于是,建明堂,修太庙,宫阙殿堂建了起来,达官显宦、富商大贾也相继经营宅第,壮大这帝王之居。后来,杭州改名为临安,成了那偏安朝廷的国都。

那个春天,在李远的安排下,李清照也抵达杭州。经过两年的流寓和逃亡,李清照暂时结束了漂泊,有了不错的居所。可她的心,终是难以落定。

年年雪里,常插梅花醉。挼尽梅花无好意,赢得满衣清泪。
今年海角天涯,萧萧两鬓生华。看取晚来风势,故应难看梅花。

喜欢梅花,只因那疏影暗香里的孤清。那些年,每逢下雪,李清照总会与赵明诚去到庭院里,饮酒赋诗,踏雪寻梅。如今,同样的飞雪之日,同样的寒梅傲雪,却是无人为伴。捻着梅花的花瓣,看它在风中慢慢落到她的衣襟上,就像是捻碎了过往。

两年半过去了,忆起赵明诚,她仍是无比心痛。花相似,人不同,物是人非,怎能不让她伤心落泪?赏梅之情也就渐渐淡了。无奈的是,回到房间,看着镜中的自己,也是无限唏嘘。那个两鬓斑白的女子,的确是她自己。而她,曾是清扬婉兮的红颜。年华,终究是凋残了。

曾经，携手雪中，人与梅花相映；如今，迭经丧乱，心与梅花共碎。晚来风急，心想着梅花将要落尽，突然间心似空城。许多事，仔细想来，只如枝上梅花，总会被风吹落，从此尘封于岁月。晚风中的李清照，除了感叹浮生如梦，就是怀念故土家园。

飞雪的日子，回忆如门，无风自开。

门内，对酌时光静好；门外，落梅风里无声。

关上门，雪还在下。刹那灯火，照不到天涯。

与岁月同行

这年，李清照拖着病体来到杭州，在离西湖不远的地方住了下来。战乱下的栉风沐雨，终日心惊胆战，还总是被忧伤缠绕，她早已憔悴不堪。不久前，所携带之文物又被盗，赵明诚留给她的念想之物丧失殆尽，这让她几近绝望。她病得很重。

到杭州后，经过多日调理，病情才终于好转。但她的心，仍没有温暖起来。三月的西湖，细雨如酒，垂柳如烟。虽是乱世，云水仍如旧日多情。不同的，此时的西湖之水，映照着的，除了游人的闲情，还有许多畏畏缩缩的身影。那是庙堂上心有余悸的人们。

李清照，真的老了。国破家亡，生离死别，又经历了千里流亡，她已是满脸皱纹。印象中的她，若非在湖中乘舟采莲，便是在阁楼抚琴写诗。无论怎样，那是个风姿绰约的身影。可是现在，她几乎不敢看镜中的自己。

她当然知道，与岁月同行，最终都是年华渐老。

她只是不愿意，在她花容凋零的时节，生活还给了她满世界的荒草。

她总是想起，溪亭泛舟的日暮，楼前煮酒的黄昏。那时候，风很轻，云很淡，轮回没有声响。多年以后，往事渐渐渺茫，情怀也已陈旧。楼前烟雨，月下黄昏，给人的总是寂寥。曾经想，与岁月相约变老。结果是，岁月纵有漫天尘屑，却仍是悠然地走着。而她，却是满心凄凉。

张小娴说，爱情是百年的孤独，直到遇见那个矢志不渝守护你的人，那个瞬间，所有的苦涩的孤独，都有了归途。李清照曾经以为，赵明诚就是她的归途。那些细雨斜风般的日子，让她相信，他们可以相伴到老。可是，他去了，只留下回忆。然而，回忆亦如青丝，染了风霜，让人难堪。

许多事，回想起来让她觉得无助。在绍兴，卜居土民钟氏宅，盗贼竟在卧室墙上挖洞盗取财物；在奉化，有强盗持刀相逼，向她索要财物。她是个弱女子，无人可以依靠，加上年岁已老，生活冷冷地站在那里，她不知如何面对。手中的笔，早已不再描摹幸福。落笔的时候，明明是春天，却画下秋凉。

窗前谁种芭蕉树，阴满中庭。阴满中庭，叶叶心心，舒卷有余情。
伤心枕上三更雨，点滴霖霪。点滴霖霪，愁损北人，不惯起来听。

雨打芭蕉，湿透了红尘旧事。同样湿透的，还有那颗无处栖息的心。

这样的夜晚，李清照注定要在雨声里无眠。心里寂寞难解，于是，抱怨，是谁在窗前种下芭蕉树，让她在雨中听那枝枝叶叶的离情！但其实，白天的时候，她还曾想，芭蕉叶舒卷之间，大概是有情意的。

顾夐《杨柳枝》:"正忆玉郎游荡去,无寻处,更闻帘外雨潇潇,滴芭蕉。"李后主《长相思》:"秋风多,雨相和。帘外芭蕉两三窠。夜长人奈何。"对于诗人来说,面对雨打芭蕉,总会莫名感伤。李清照,本就多愁,也不例外。更何况,她已身如飘絮。

在雨中,她想了许多。想起赵明诚,想起北方的家园,想起动荡不安的时局,想起苟且偷安的朝廷,想起无法回归故里的万千黎民。她知道,如她这般,听着夜雨悲伤的,还有许多异乡之人。想着这些事,更加无法入睡,只得披衣而起,独抱浓愁等待天明。

同样的夜雨霖铃,当年她依偎在赵明诚的怀里,听着那声响,安然入睡。

如今,雨似从前,人已不在,她能依偎的,只有清寂的流光。

雨声淅沥,敲打的,是心扉,也是过往。

可想而知,对于李清照,所有的夜晚都是绝境。万家灯火,照不到她的忧伤。弟弟李迒虽然能给她些许慰藉,终究有他自己的生活。她多希望,那颗飘零的心,能有个栖息的地方。

不久之后,张汝舟走入了她的世界。想必是知道,李清照与赵明诚曾多年沉浸于金石字画,张汝舟带着两幅吴道子的画造访李清照,让她帮着品鉴。这是李清照喜欢的见面方式,虽是初见,倒也觉得自然。

面前的这个人,斯文谦恭,言语得当,李清照对他有些好感。张汝舟早年为池阳军中小吏,从绍兴元年开始,担任右奉承郎监诸军审计司之职。他中年丧妻,尚未续弦。

其后那些日子,张汝舟隔三岔五就去往李清照的住处,嘘寒问暖,颇为贴心。李清照所需之物，比如笔墨纸砚，他总会适时送来。见面之后，他们谈论书画，或是市井之事。渐渐的，李清照的心情舒畅了许多。她甚至觉得，这个人可以给她温暖和依靠。终于，当张汝舟提出修好之意，她竟默许了。

然后，张汝舟派了媒人前来，以示明媒正娶的郑重。同时，他还写书信给李清照，写得情深意浓。或许，对于许多女人来说，满纸的地久天长，就足以让她们沦陷了。孤清冷傲的李清照，原本不易被言语所惑。可是，此时的她，境况凄惨，身影伶俜。她真的好想，让自己尘埃落定。

至少，看上去，张汝舟是温雅的，且是知冷知热的。那些相处的日子，他给了她许久未见的愉悦。所以，李清照认为，幸福就在眼前，触手可及。她真的是被打动了。

她很清楚，在世人眼中，女子再嫁是失节之事。那时候，因为世俗礼法，人们都认为，女子嫁给某个男子，便从此成了他的附属品，生死只属于他。所以，许多女性，在丈夫死后，无所依凭，却选择了忍受孤苦。似乎，不这样便失了晚节，不这样便难容于世。再嫁，这两个字，如雷池，她们不敢跨过半步。

对于俗世规则，李清照向来鄙夷。她做事情，但求飘飘洒洒，无惧蜚语流言。她的性情里，有轻柔温婉，也有任性桀骜。如果说，在再嫁这件事上，她有所担忧，那就肯定是对赵明诚不好交代。但她相信，赵明诚地下有知的话，定会明白她的苦衷，有个温情男子，拾起了她最后的年华，他不会怪她。

乱世之中，对女子来说，有个停靠的地方很重要。骄傲如张爱玲，与胡兰成有过那场倾城之恋，按说已是爱无所爱。可是，若干年后，她在美国，又嫁给了比她年长三十岁的赖雅。或许是因为爱情，或许，只是为了让疲惫的心，不至于零落荒野。

李清照也是如此。生命中有过赵明诚，在红颜老去之后，她已无兴致倾心于谁。之所以接受张汝舟，无非是想要些许温暖。不管怎样，兵荒马乱的岁月里，李清照与张汝舟完婚了。

安静度日，是李清照的愿望，张汝舟却选择了四处宣扬。不久之后，杭州城的人们都知道了，那个有名的才女，在丈夫死后又嫁人了。对凄苦的李清照，有人为她庆幸，更多的是冷嘲热讽。

李清照不予理睬，卷上珠帘，过自己的日子。

心想着此后的安稳，她默默地笑了。

窗外，江南梅雨，淅淅沥沥。

第七卷：安得情怀似旧时

酒杯里的宠辱皆忘，云水间的风雨不惊。都是人生。
但其实，人生只是寂寞的修行。归程是心安。
生于尘世，只能看着云来雨去，等待自己被岁月注解。

彩凤随鸦

黄梅时节家家雨，青草池塘处处蛙。
有约不来夜过半，闲敲棋子落灯花。

五月的江南，烟雨轻佻。总有人，在楼前把酒言欢；总有人，在画舫听雨入眠。青石小巷，油纸伞下，红颜姗姗而走；山间水湄，细雨斜风，渔翁独钓悠然。大概，这样的时节，人是无须归去的。

绍兴二年五月，李清照被轿子抬到了张汝舟的府上，几分忐忑，几分欣喜。她不指望月满西楼，也不指望诗酒唱和。有过那些从前，此生已无遗憾。经历了几年的颠沛流离，此时她想要的，只是安稳。她相信，张汝舟可以成全她。为此，她交付了最后的热情。

易安居士再嫁，此事闹得满城风雨。所有的争议与嘲讽，都被李清照淡淡抹去了。她只把烟雨留下，挂在窗前，听着看着，恬淡如初。以为，他可以陪着她，走到最后。但她，终究是失望了。

烟雨中的故事，却不似烟雨那般唯美。

世相迷离。花明柳暗，是开始也是结束。

走入故事，也就走入了无尽的迷惘。做个看客，或许就能活得清淡如风。然而，滚滚红尘，迢迢岁月，谁是主角，谁是看客，谁能说得清呢？

李清照原以为，张汝舟在完婚以后，仍会如初般，温文尔雅，对他体贴入微。甚至，她还设想过，他可以帮她完成《金石录》。倘若是这样，她会无比欣慰。然而，几天以后，张汝舟就没有了从前的谦逊温雅。他对李清照变得很冷淡，嘘寒问暖，温情款款，都没有了。不仅如此，稍有言语不合，他就会辱骂她。很快，两个人之间，就只有咫尺间的遥远了。

张汝舟很少回到家里，即使回来，也总是带着满身的酒气，和那副陌生的表情。酒醒的时候，他会觍着脸向李清照要钱，然后晃着身体出门。秦楼楚馆，烟街柳巷，是他最常去，也最愿意去的地方。

旧时风雅之士，大多有流连风月的嗜好。烟花巷陌，才子佳人，虽是依红偎绿，却有清雅意蕴。我为你填几阕词，你为我弹几首曲，临风对月，把酒言欢，也是风情万种。其中，也不乏深情款款之人。

如果说，文人流连风月是风流缱绻，那么，寻常人就只是无味的寻欢。至于张汝舟，既无吟风弄月之才，又无怜香惜玉之心，来去青楼，不过是身体的沉沦。

李清照终于明白，张汝舟所有的儒雅，都是面具下的桥段。面具之下,是他丑陋不堪的灵魂。看着他醉醺醺的样子,李清照无比厌恶。却也只能暗自垂泪,这条路是她自己选择的,悲哀也只能自己承受。

幸福于她,早已成了过往。此生只剩满地的荒草。

张爱玲说,生命有它的图案,我们唯有临摹。

那么,李清照临摹的,定是萧萧黄叶疏窗。

她的心,温暖了瞬间,就又结了冰。原来,安稳与清静,已是遥不可及。难过的时候,时光总是显得漫长无际。仿佛过了很久,她才遇见了六月。

西湖的荷花盛开了,李清照来到湖畔。突然发现,来到杭州数月,竟没有仔细看看西湖的样子。可是,面对着西湖,却又只能沉默。水中倒映着的,是她苍老的容颜。她是来晚了,没能以最好的年华,与西湖面对面。

水光潋滟,荷花映日,似乎都难入心。

世事人心,她算是看透了。于是,所有风景,都显得苍白。

李清照对张汝舟是彻底失望了。实际上,张汝舟也很失望。李清照虽有倾世之才华,当年也是如花似玉,翩若惊鸿,但如今,她只是个霜华染鬓的嫠妇,已到了风烛残年。张汝舟对她的才情亦无兴致,他之所以接近并与她结合,当然也不可能是为了无缘无故的爱情。他所图的,只是李清照手中的那些文物。

这些文物,对李清照来说,是历史遗产,是赵明诚的心血,也是他留给她的念想。可是,对于市井小人来说,这些东西就是数不清的钱财。别的不论,单是蔡襄那幅《赵氏神妙帖》,当年就值二十万,如今经历了战乱，价值无人知晓。可以肯定，企图霸占李清照手中文物的大有人在，只不过，张汝舟的手段更卑劣而已。

但是他失望了。首先，人们都说，赵明诚收藏的文物数以万计，而且都是价值不菲之物。可是实际上，经历了几年的乱世颠簸，李清照手中的文物已经所剩无几；其次，这少量的文物，李清照视之如命，无论如何，都不愿交给他看管。尤其是发现他行为不端的时候，李清照对他更是小心戒备。

图谋未能如愿，张汝舟的本性就彻底暴露了出来。现在，他对李清照，已不只是冷漠，甚至是凶残了。李清照已看出了他的意图，坚决不让他得逞，拼命护着那些文物。看她这样，张汝舟总会恼羞成怒，开始的时候还只是辱骂，后来就干脆对她拳脚相加。

在旧时代，人们将不相般配的，又是女方才貌远胜于男方的婚姻，生动形象地称作彩凤随鸦。很不幸，这样的婚姻被李清照遇到了。最让她难过的是，张汝舟不仅才疏学浅，而且品行败坏。那副嘴脸，对任何善良的人来说，都是丑恶的。

问题是，她该如何拯救自己。因为改嫁的事，人们对她非议很多，想必赵明诚的家人也大都会看轻她。所以，赵明诚的兄长赵思诚此时虽在朝廷任职，近在咫尺，但她不能向他求助。万般无奈，李清照只得给时任吏部侍郎的綦崇礼写信求助。

之所以如此，除了因为綦崇礼是赵明诚的姑表弟，更重要的原因是，綦崇礼为人刚直不阿，他不屑与秦桧等人为伍，结交的人物都是正直坦荡之士，与南宋朝廷中的主战派过从甚密，李清照对他很是钦佩。她坚信，綦崇礼可以救她出苦海。

在写给綦崇礼的信中，李清照说："视听才分，实难共处，忍以桑榆之晚节，配兹驵侩之下才。"意思就是，她与张汝舟实在难以相处，可叹自己会在晚年，以清白之身，嫁给这个卑鄙小人。言语之间，满是绝望之情。

暮年遇见张汝舟，李清照曾以为是缘分。她想要的，就是简单清静的日子。她以为，这个人虽不能与她倾谈诗赋，至少，可以如烛火，照着她夕阳晚照的年月。

可惜，她想错了。张汝舟对她这个风烛残年的女子，没有怜惜，更没有欣赏。他有的只是贪婪与冷酷。他费尽心思接近李清照，还做出温文尔雅的样子，只是为了索取想要之物，与爱情无关，与尘缘无关。

绝望无助的时候，李清照只能在回忆里找寻些许温暖。无论是汴京还是青州，都有许多美好的回忆。即使是当年还称作江宁的建康，赵明诚也曾陪她踏雪寻诗。

然而，回忆的炉火，终究温暖不了现实。

我以为，只有生活黯淡，才会将回忆当作归途。

琴心剑胆

尘缘，可以长满青草，可以落满风尘。

阑珊灯火里，转身遇见的，或许只是长夜。

但还是有人,以刹那人生,去丈量尘缘之远。

李清照的日子,是越来越难熬了。张汝舟对她,没有任何情意可言。得不到想要的东西,他只能变本加厉地折磨她。在写给綦崇礼的信中,李清照说:"身既怀臭之可嫌,惟求脱去,彼素抱璧之将往,决欲杀之。"

她对张汝舟的厌恶和忍耐,显然已到了极限。与这个无耻之徒相处,她只觉身在泥淖之中。而且,张汝舟日日都在觊觎她仅存的文物,她真的担心自己会被他蹂躏至死。当然,张汝舟虽凶狠,倒还不敢置她于死地。尽管如此,堂堂男人,对手无缚鸡之力的女子施以暴力,已是禽兽不如。

现在,李清照只想与他分道扬镳。她是个单纯的女子,在她的世界里,没有虚与委蛇。喜欢就是喜欢,厌恶就是厌恶,她从不会遮遮掩掩。做决定也是简单直接,不愿受到任何束缚。至于世俗礼法,以及封建卫道者的教条,于她都是浮云。

但那毕竟是陈旧的年月。人们说,嫁鸡随鸡,嫁狗随狗;人们说,家丑不可以外扬;人们说,女人就应依附在丈夫身边,不声不响。那时候,似乎总是这样,哪怕丈夫品性恶劣,妻子也只能忍气吞声。然而,这样的规则,对李清照没有用。对她来说,婚姻里若没了感情,生活只剩晦暗,她就会选择结束,坚定而决绝。

她就是这样的性情女子。于她,黑就是黑,白就是白。

写诗填词之手,也可以凛然划破夜空。

她在她的世界里,傲雪凌霜,如枝上寒梅。

活在人间,最简单莫过于随波浮沉。只有少数人为自己而活,走在人群中,却似独行天地之间,纵然身影寥落,仍是笑傲红尘。身为人间过客,总要活出点性情才好。

从五月开始,那场婚姻只进行了三个月,李清照已是忍无可忍。现在,她只想尽快了断,不想拖泥带水。问题是,那个年代,婚姻的主导权在丈夫手中,休妻之事常有,很少有妻子主动提出离婚的。李清照想结束婚姻,张汝舟显然不会同意。

首先,作为男人,他虽然品行败坏,却又逃不开虚荣,他无法忍受被妻子提出离婚;其次,他与李清照结婚,只为她手中的文物,现在目的未达到,岂肯轻易罢手?事实上,李清照希望的休书,他也是绝对不肯给的。

李清照现在的处境,若是换了别的女性,大抵会选择听天由命,投张汝舟所好,给他想要之物,换得自身安全,忍辱负重,了此残生。李清照之所以是李清照,就因她特立独行,不按常规办事。她做了无数女性绝不敢做的事,那就是,状告丈夫并请求离婚,以恢复自由之身。

要知道,在当时,妻子受丈夫虐待而告官求离是绝对不可能的,即使已虐待致死,娘家人告官,仍可能被加上以尸讹诈之罪。另外,宋代法律规定,妻子如果状告丈夫,即使罪名成立,妻子也要入狱两年。以李清照的见识,她不是不知道这样的规定。

但她,既然打定主意要与张汝舟决裂,哪怕伤痕累累,哪怕遭受牢狱之灾,也在所不惜。于是,李清照毫不迟疑地将诉状递了上去。她告张汝舟的罪名叫作"妄增举数之官"。

宋代的科举有这样的规定,考生若是屡试不中,朝廷会按照其参加考试的次数,授予相应的官职,这就是举数之官。李清照在无意间得知,张汝舟向朝廷谎报考试次数，骗取了官职。所以，在无可奈何的时候，她以这个罪名状告了张汝舟。上下五千年，女子被夫家休弃者如过江之鲫，妻子公然告夫者，几乎绝无仅有。

李清照却这样做了，做得落落大方。

她是这样的女子，拿得起，放得下。

爱就爱得轰轰烈烈，恨也恨得清清白白。

敢在常人不敢下笔的地方痛下笔墨，就是她的性格。

可以说，李清照是封建时代凤毛麟角的奇女子。不仅因为她的才华，还因为她的倔强和果敢。因相爱而结合，她可以很笃定，无惧世人冷眼白眼。如今，认清了那人的真实面目，就绝不姑息迁就。光明磊落如她，不能说不可爱。

据说，此案当时惊动了宋高宗。宋高宗责令监察部门调查，结果是，张汝舟被查实，确实曾虚报举数入官，被撤除官职，并且发配到了广西柳州。按照规定，如果丈夫被流放，妻子就可以名正言顺地与之离婚。

值得庆幸的是，李清照并没有受两年的牢狱之苦，只被关押了九天就释放回家了。张汝舟被流放，她与他再无瓜葛。不到百日，那段不该有的婚姻，就烟消云散了。

看上去，此案非常顺利，李清照似乎不费吹灰之力就达成了心愿。其实，事情并没有这么简单，若不是綦崇礼施以援手、主持公道，此事绝不会这么快了断。果然，李清照没看错人。事后，她写信给綦崇礼，题为《投内翰綦公崇礼书》，表达了感激。

关于这桩是非，除了这封信，李清照并没有留下其他文字。想必，伤心过往，她已不愿提及，但人们却没忘记褒贬。李清照毕竟是出身名门的才女，以前的夫家和娘家皆是社会名流，又有过珠联璧合的从前。在孀居的晚年，却出现了再嫁又离婚的事情，世人难免说长道短。

当时，这件事在社会上引起了极大的反响，少的是原宥与尊重，多的是讥讽和嘲笑。王灼在《碧鸡漫志》中说李清照："赵死，再嫁某氏，讼而离之，晚节流荡无归。"其后朱彧的《萍洲可谈》也说她："不终晚节，流落以死，天独厚其才而啬其遇，惜哉。"晁公武《郡斋读书志》说她："然无检操，晚节流落江湖间以卒。"还有胡仔《苕溪渔隐丛话》说："易安再适张汝舟，未几反目，有启事与綦处厚云：'猥以桑榆之晚景，配兹驵侩之下材。'传者无不笑之。"

但其实，在宋代，嫠妇（寡妇）再嫁并不少见。名臣范仲淹就是幼年丧父，母亲再嫁，将其带到朱家养大，考取功名后认祖归宗；大理学家朱熹写《荣国夫人管氏墓志铭》时，清楚地记录了其次女再嫁之事；《癸辛杂识》记载了魏了翁之女夫死再嫁，许多人争欲娶之的事情。

李清照再嫁之所以会遭受那么多非议，首先是因为，在当时许多人眼中，她无论填词写诗，还是说话行事，向来我行我素，不走寻常之路。敢作敢为是她，爱憎分明是她，这与儒家传统伦理道德所讲究的女德相去甚远。世人大都认为，女子应该温柔顺从。可她，却喜欢无拘无束，恨不能生而为男子，过飘洒自在的人生。

其次，李清照的前半生，与赵明诚珠联璧合的生活，美丽得几如童话；而她的后半生，那场来去匆匆的婚姻，却是无比惨淡。最好的人生，最坏的人生，都集中到了她的身上，而她又是那样才华横溢的女子，难免引人关注。再加上皇帝的介入,终于让那场离婚风波成了街谈巷议的事情。

可笑的是,很多为李清照辩解的人,并非立于新的高度,肯定她的做法,而是否认她曾经再嫁。原来,他们与鄙薄李清照的那些人,都站在传统道德规范轨道上。终究,在他们看来,李清照孀居再嫁,破坏了自己的形象。

在人们争论不休的时候,李清照已经从纷扰里走了出来。

她有她的逻辑,亦有她的性格。无需向谁解释。

琴心里有剑胆,柔情里有侠骨。这就是她。

欲将血泪寄山河

时光无涯。总是那样,悄无声息,却能带走许多东西。

青春与爱情,年华与幻梦,时过境迁以后,散落成了烟云。

都说人生路漫漫,其实,所有的路加起来,不过是一帘烟雨斜阳。

时光之海,没有舟楫可以摆渡。

绍兴二年(1132)八月,李清照的世界里,又只有她自己了。之前的半年,遇见那个叫张汝舟的男人,将染霜的年华交付给他,却发现,此人不值得托付。于是,她从那段灰色的故事里纵身跃出,不顾一切。

经历了这场风波,李清照的意志并未消沉。相反,离开了那个丑陋男人,她突然觉得无比轻松。遇见了生活该有的清静,她仍是那个填词的女子。夕阳西下,她选择,与岁月握手言和。

可以在宣纸上走笔,可以在月光下沉吟。

如此,伤心过往,风雨人生,都可以淡然以对。

世间苦楚流离,放不下便是风雨凄凄,放下了便是月白风清。

病起萧萧两鬓华,卧看残月上窗纱。豆蔻连梢煎熟水,莫分茶。

枕上诗书闲处好,门前风景雨来佳。终日向人多酝藉,木犀花。

红颜迟暮,任谁都会感伤。曾经笑靥如花的自己,多年后已是鬓发苍苍。行走坐卧之间,尽是沧桑的痕迹。幸好,斜阳的余晖里,还有几分风雨不惊的安恬。

李清照,人生已足够丰盛。所有的年光,她都不曾辜负。她吟风赏月,以情怀度日,送别从前;她倾心爱过,若可以,她愿意生死相依。飘零辗转,惝恍流离,她都淡然地走过。回神之际,年华如诗的女子划着扁舟,漂入了荷花深处,又划到了远方。她们相遇,淡淡地笑着,说别来无恙,时光静谧。其实,她并未老去,只是走入了新的风景。

虽是病中,她仍有闲情,看窗前残月,听雨中秋声。

萧疏的季节,月上窗纱,她就那样,静静地望着,不悲,亦不喜。

豆蔻为植物名,种子有香气,可入药,性辛温,能去寒湿。熟水是宋人常用饮料。分茶是宋人以沸水冲茶而饮的一种方法,颇为讲究。莫分茶,也就是不饮茶,只因茶性凉,与豆蔻性正相反。缕缕茶香,氤氲着厚重人生,怡然自得。发已萧疏,人已苍老,却没有自怨自艾,只因她读懂了悲欢离合。

与诗书做伴,她早已习惯。可以说,书是她终生的风景。真不知道,若是没有书,那些荒凉年月,她该如何度过。暮色沉沉的时候,赏景读书,煎水填词,散淡也悠然。

偶尔下雨,点洒流光,亦是别有情致。

多情的桂花,照看着她的暮年。她很是欣慰。

这首词情调轻快,与李清照同时期其他作品很不同。大概是因为,与张汝舟了断以后,突然觉得海阔天空,于是花好月好,眼中所见皆是风景。但她,终究是天性感伤的李清照。后来的许多年,她仍旧避不开落寞惆怅。

只不过,她的心仍牵挂着江山故土。过去的几年,金国军队仍在不断进犯,对偏安的南宋虎视眈眈。其实,南宋朝廷并非无大将可用,岳飞、韩世忠、刘光世,这些人都是当世英豪,有马革裹尸之志,希冀朝廷早已收复河山。宋高宗却只愿苟安,岳飞等人多次请旨北上,他都没有准奏。

绍兴三年初夏,南宋朝廷派枢密院事韩肖胄和工部尚书胡松年出使金国,名义上是探望被囚于北方的徽钦二帝,实际上就是和谈。李清照写诗为两位使臣送行,在诗中,李清照对处于水深火热之中的中原黎民表达了关切和怀念。同时,她尖锐地指出了金人的掠夺本质,阐述了自己的政治主张。无疑,北上中原,恢复河山,是她的强烈愿望。

三年夏六月,天子视朝久。凝旒望南云,垂衣思北狩。
如闻帝若曰,岳牧与群后。贤宁无半千,运已遇阳九。
勿勒燕然铭,勿种金城柳。岂无纯孝臣,识此霜露悲。
何必羹舍肉,便可车载脂。土地非所惜,玉帛如尘泥。
谁当可将命,币厚词益卑。四岳佥曰俞,臣下帝所知。

中朝第一人,春官有昌黎。身为百夫特,行足万人师。
嘉祐与建中,为政有皋夔。匈奴畏王商,吐蕃尊子仪。
夷狄已破胆,将命公所宜。公拜手稽首,受命白玉犀。
曰臣敢辞难,此亦何等时。家人安足谋,妻子不必辞。
愿奉天地灵,愿奉宗庙威。径持紫泥诏,直入黄龙城。
单于定稽颡,侍子当来迎。仁君方恃信,狂生休请缨。
或取犬马血,与结天地盟。

很显然,对于宋高宗的退避和苟安,李清照非常不满。可她只是女子,在人们看来,莫说是朝廷进退,即使是市井之事,她都应该保持缄默。可她,不是寻常女子,她是才女。事实上,她也不是寻常才女,她是心怀天下的李清照。她的生命,系着明月,也系着苍生。

李清照希望,南宋朝廷里,能有人跃马扬鞭直捣黄龙府,恢复大宋山河,而不是在西湖之畔迷醉于歌舞;当然,她也希望,代表朝廷出使的韩肖胄和胡松年,以社稷为重,不畏暴虐金人,敢于折冲樽俎。可以想象,假如两位使臣慑于金人之势,如临深渊,被金人玩弄于股掌,李清照定会悲愤很久。

不过,李清照相信,韩肖胄和胡松年都是刚直不阿之士,不会失去气节。韩肖胄是北宋名相韩琦曾孙,徽宗朝宰相韩忠彦之孙。临行前,宋高宗为他们送行,韩肖胄说,假如在和谈之际,金国有何异动,朝廷要主动出兵,不要因他们在金国而投鼠忌器。

韩肖胄的母亲也是位了不起的女性,临走的时候,她对韩肖胄说,只管出使金国,不要顾及她的安危。宋高宗听了以后特别感动,下旨封她为荣国太夫人。所以，李清照才会对韩肖胄不吝溢美之词。

> 胡公清德人所难，谋同德协心志安。
> 脱衣已被汉恩暖，离歌不道易水寒。
> 皇天久阴后土湿，雨势未回风势急。
> 车声辚辚马萧萧，壮士懦夫俱感泣。
> 闾阎嫠妇亦何知，沥血投书干记室。
> 夷虏从来性虎狼，不虞预备庸何伤。
> 衷甲昔时闻楚幕，乘城前日记平凉。
> 葵丘践土非荒城，勿轻谈士弃儒生。
> 露布词成马犹倚，崤函关出鸡未鸣。
> 巧匠何曾弃椽栌，刍荛之言或有益。
> 不乞隋珠与和璧，只乞乡关新信息。
> 灵光虽在应萧萧，残虏如闻保城郭。
> 嫠家父祖生齐鲁，位下名高人比数。
> 当时稷下纵谈时，犹记人挥汗如雨。
> 子孙南渡今几年，漂流逐与流人伍。
> 欲将血泪寄山河，去洒青州一抔土。

那时候，马蹄声狂乱，遍地都是狼烟，许多人选择了沉寂度日。李清照，在结束流亡之后，也是深居简出。但她，却在萧萧光阴里，以这样的诗行告诉人们，生命不该只有沉默。

欲将血泪寄山河。这是那柔弱女子，对故国的深情告白。江山破碎，是她心中永远的伤痛。如果可以，她愿意将生命，和所有的热情，付与山河岁月。

八百年后,同样的兵荒马乱,同样的风雨飘摇,横眉冷对千夫指的鲁迅,无意间应和了李清照,他写了那首《自题小像》:"灵台无计逃神矢,风雨如磐暗故园。寄意寒星荃不察,我以我血荐轩辕。"这是文人该有的气魄和胸怀。

李清照虽是女子,但是忧国忧民,让无数须眉赧颜。

纵笔挥洒,大气豪迈,是她动乱中的美丽。

往事已成空

绍兴三年韩肖胄和胡松年出使,并未与金国达成和议。只不过,金国因为连年征战,需要休养生息,才答应暂时休战。尽管如此,宋高宗还是很高兴,因为他暂时不必担惊受怕了。可怜的是流落到江南的无数百姓,北归的心愿终是难了。

对于朝廷的无所作为,李清照很无奈。她能做的是,静下来,打磨最后的光阴。那段时间,李清照最主要的事情,是整理完成《金石录》。这是赵明诚的生平夙愿,也是他的临终重托。只是,编辑这本书的时候,她总会莫名地想起他,想起那些花前月下的日子,想起建康城的永诀。想起便会黯然,然后拭去泪水,继续做他未完成的事。

十五年前花月底,相从曾赋赏花诗。
今看花月浑相似,安得情怀似往时。

十五年前，那个月明星稀的夜晚，他们携手漫步在碎石小径，无声的语言偶尔叩响目光的凝眸。她随口吟出的诗句，引得他连声喝彩。那样的月下，人间万物皆如虚无，只有他们，最是清晰。而如今，她在南国的异乡，同样的花月撩人，却没有了与她谈笑风生的那个人。

回忆，很近，却又无法触及。

人间天上，隔得好远。

李远对姐姐编辑《金石录》，也是无条件支持。只要得空，他就会过来帮忙装订，有时还会动手抄写。赵思诚对于李清照再嫁并离婚这件事，并无指摘之意。他偶尔来看望李清照，总会询问《金石录》的进展，并尽力提供补充资料。对李清照来说，这些都是莫大的安慰。

绍兴四年（1134）五月，赵思诚本可以担任徽猷阁待制。徽猷阁是宋徽宗所建之阁，用来收藏宋哲宗御笔文书，置学士、直学士、待制等职位。没想到，有人竟然翻赵挺之的旧账，以此打击赵思诚。不得已，他只得辞去徽猷阁待置之职。

李清照得知此事后，很是气愤。倒是赵思诚久在仕途，早已习惯了官场是非，劝慰李清照不必为此生气。数月后，朝廷下旨，赵思诚复为徽猷阁待置。

七月，谢伋来到李清照的住处，寒暄之后，李清照问其来意。谢伋说，他父亲身体不佳，想见李清照，似有事相告。李清照答应了，她立刻动身，带好了礼品，乘车朝着谢家去了。

谢伋的父亲谢克家，与赵明诚是表兄弟。谢克家的母亲与赵明诚的母亲是亲姐妹，他年纪长于明诚。建炎三年底，李清照在逃难的途中，曾在黄岩灵石寺谢克家的家里小住。李清照到杭州以后，也常去谢府拜访谢克家，与其谈诗论画。

李清照来到谢家，只见谢克家斜靠在床上，显得很是虚弱。他告诉李清照，前一年九月，他在法慧寺见过李清照在绍兴被盗的《进谢御赐书诗卷》。当时，有个法慧寺的僧人请他为这幅字题跋，说是受人之托。

谢克家知道这是李清照遗失之物，但思量再三，最终还是为其题词："姨弟赵德甫，昔年屡以相示。今下世未几，已不能保有之，览之凄然。汝南谢克家。"他先前没有告诉李清照，是怕她伤心。现在，他知道自己将不久于人世，只好将这件事说了出来，只是希望李清照不要太难过。

蔡襄的《进谢御赐书诗卷》是赵明诚李清照夫妇最珍爱的藏品，上边有米芾的题跋："米芾于旧翰林院曾观石刻，今四十矣，于大丞相天水公府，始目真迹。书写博士米芾。"宋时，苏轼、黄庭坚、米芾、蔡襄、合称"四大家"。赵明诚的父亲赵挺之，与苏轼和黄庭坚势如水火，不过与米芾和蔡襄都有来往，他们也都有墨宝送给赵挺之，赵家都当传家之宝珍藏。谢克家的话，还是让李清照想起了许多事。

往事，或许倾城。但不管怎样，往事已成空。

李清照淡淡地说，世间凡事皆已经历，她早已看淡。

谢克家听后，也是淡淡地说，人生理应如此。

绍兴四年八月，李清照完成了《金石录》。这本书著录赵明诚和李清照所见过的，从上古三代至隋唐五代以来，钟鼎彝器的铭文款识和碑铭墓志等石刻文字，是中国最早的金石目录和研究专著之一。《金石录》共三十卷，前为目录十卷，后为跋尾二十卷，考订精核，评论独具卓识，对史学、考据学、文献整理和金石书法的研究，具有重要的参考价值。

看着完成的书稿，萧索与寂寞，苦涩与凄凉，都没了踪影。几年了，她从未像现在这样欢愉。作为妻子，作为知己，她没有辜负赵明诚的托付。他泉下有知，可以安息了。那天，李清照细细回味了前尘往事，百感交集，又在烛火下，写下了《金石录后序》。

后屏居乡里十年，仰取俯拾，衣食有余。连守两郡，竭其俸入，以事铅椠。每获一书，即同共勘校，整集签题。得书、画、彝、鼎，亦摩玩舒卷，指摘疵病，夜尽一烛为率。故能纸札精致，字画完整，冠诸收书家。余性偶强记，每饭罢，坐归来堂烹茶，指堆积书史，言某事在某书某卷第几叶第几行，以中否角胜负，为饮茶先后。中，即举杯大笑，至茶倾覆怀中，反不得饮而起。甘心老是乡矣！故虽处忧患困穷，而志不屈。

收书既成，归来堂起书库，大橱簿甲乙，置书册。如要讲读，即请钥上簿，关出卷帙。或少损污，必惩责揩完涂改，不复向时之坦夷也。是欲求适意，而反取憀慄。余性不耐，始谋食去重肉，衣去重采，首无明珠翡翠之饰，室无涂金刺绣之具。遇书史百家，字不刓缺，本不讹谬者，辄市之，储作副本。自来家传《周易》、《左氏传》，故两家者流，文字最备。于是几案罗列，枕席枕藉，意会心谋，目往神授，乐在声色狗马之上。

那时候，她和他，还在青州。远离了京城繁华，在乡间过着闲逸的日子，做着他们喜欢的事情，虽然过得清贫散淡，却是无比的安然自在。那时候，她典当了自己的首饰，只为收藏喜欢的金石字画。

那时候，他们还在北方。田园生活，时光如水。

那时候，春有花，秋有月，夏有风，冬有雪。

故事里，琴瑟在御，莫不静好。

三十四年之间，忧患得失，何其多也！然有有必有无，有聚必有散，乃理之常。人亡弓，人得之，又胡足道！所以区区记其终始者，亦欲为后世好古博雅者之戒云。

这是《金石录后序》的末段。全文介绍了李清照与赵明诚收集金石文物的经过，回忆了那些年的忧患得失。许多事，恍惚间只如梦里。清楚的是，有聚必有散。搁笔之际，走出往事，已是清晨。

推开轩窗，遇见了秋天。那是江南的秋天。

山和水，云和月，属于江南，才有别样的风情。

只是，秋水长天，无人相共。难免凄凉。

几片黄叶飘落，有流浪的味道。

莫负东篱菊

杭州，如今已改名为临安。这座城市里，有人欢喜，有人悲伤；有人沉默叹息，有人轻歌曼舞。总有人记得，遥远的北方，繁华被踩成了尘土；总有人记得，万里的山河，只剩下飘摇的南方。

却也有人，醉醺醺的，不知身在何处。于是，愤懑的诗人经过，在客店的墙壁上，留下了这样的诗："山外青山楼外楼，西湖歌舞几时休？暖风熏得游人醉，直把杭州作汴州。"想必，怀念故土，痛恨苟安之辈的李清照，也有同样的愤慨。

这个秋天，在完成《金石录》以后，李清照如释重负。轻松之余，心里又空落落的。过去的许多个日子，她在回忆里来来去去，仿佛可以触到曾经的欢笑。而现在，往事并未关上门扉，她却感到莫名失落。害怕悲伤，不敢去叩开那扇门。让她感到安慰的是，西湖就在不远处，静默却多情。

自从结束了那场婚姻，李清照就住到了西湖边上。临水而居，纵然孤寂，至少可以与云水相望。她曾经害怕独自生活，害怕独自穿过灯火暗淡的岁月。多年以后，她终于明白，一个人的似水流年，几杯淡酒清茶，几段浮云流水，看花开花谢，听晨钟暮鼓，也挺好。

年华老去，她已懒得走动。但是偶尔，也会到西湖畔，信步而走，或是坐在水边，遐思迩想。假如，多年前来到这里，有那清雅男子陪伴左右，湖畔闲谈，画舫把酒，她定会忍不住轻吟几句。

如今，只影无人可依，画舫上悠悠荡荡的，是别人的故事。

不过也好，做个看客，不悲不喜，倒也落得清闲。

每段年华，各有去处。或安坐于云下，或流浪于远方。

李清照，似乎从来都逃不开九月的悲伤。她何尝不知道，四季轮回皆有定数？但是，面对落叶萧萧，还是忍不住心事凋零。西风就在那里，卷帘的时候，往事被吹了出来，成了秋霜。翻开几年前作的那首《鹧鸪天》，倒是应景：

寒日萧萧上琐窗，梧桐应恨夜来霜。
酒阑更喜团茶苦，梦断偏宜瑞脑香。
秋已尽，日犹长，仲宣怀远更凄凉。

不如随分尊前醉，莫负东篱菊蕊黄。

清秋寂寞，日子荒凉。或许，对于诗人来说，独自的九月都是荒原。无论身在何处，都是这样的况味：琴声呜咽，泪水全无，远在远方的风比远方更远。

日光，照着窗棂，却温暖不了九月的凉。

梧桐早凋，却恨秋霜。草木无心，其实是李清照自己，恨那长夜。

心绪不佳，只好借酒派遣，饮多而醉，不禁沉睡。醒来的时候，仍是满地秋凉。焚香醒脑，却也无济于事。秋意如影随形，她终是无处逃避。这样的日子，当真是，醉也无聊，醒也无聊。她想起了九百年前同是山东人的王粲。

王粲，字仲宣，建安七子之一。十七岁时他因避战乱，南至荆州依附刘表，不受重视，曾登湖北当阳县城楼，写了著名的《登楼赋》，抒发壮志未酬、怀乡思归的抑郁心情。

遭纷浊而迁逝兮，漫逾纪以迄今。情眷眷而怀归兮，孰忧思之可任？凭轩槛以遥望兮，向北风而开襟。平原远而极目兮，蔽荆山之高岑。路逶迤而修迥兮，川既漾而济深。悲旧乡之壅隔兮，涕横坠而弗禁。昔尼父之在陈兮，有归欤之叹音。钟仪幽而楚奏兮，庄舄显而越吟。人情同于怀土兮，岂穷达而异心！

那时候，王粲也曾在南方望着北方，泪水横流情难自禁。背井离乡的苦楚，千古都相似。那才子彼时的悲伤，便是李清照此时的悲伤。身处乱世的异乡，与西风冷冷相对，自是难掩凄凉。

此情此景，大概只有东篱菊花，可以给她些许慰藉。就像她说的：归家既是空想，不如临风把酒，随意痛饮，莫辜负了这篱菊笑傲的秋光。看上去，倒有几分旷达。然而，仔细看去，她早已被西风吹得身影寥落。陶渊明的意趣，终是难觅。

和露摘黄花，煮酒烧红叶，未必是真的陶然。

李清照本想在杭州静静地度过晚年。可是，这样的愿望很快就被打破了。绍兴四年秋，伪齐刘豫政权勾结金军，准备南下江淮流域，在江浙地区大肆劫掠。九月，刘豫在金帅完颜宗辅和兀术大军的护卫下，以两支军队，分兵向安徽滁州和江苏扬州等地进攻，打下了滁州和楚州，并继续南侵。

霓裳羽衣之舞，被惊得七零八落。朝堂上醉意朦胧的人们，只有逃跑的意念。幸运的是，瘦弱的南宋朝廷里，毕竟还有几个英雄，支撑着颜面。韩世忠和岳飞数次大败金军，到十二月，金国和伪齐的军队不得不从江淮北撤。次年二月，宋高宗又回到杭州。可悲的是，夏天的时候，战事暂时平息，南宋朝廷马上就又派遣使臣，向金国求和了。

战乱中的人们，只能四处奔逃。就像李清照在文章里所写："今年冬十月朔，闻淮上警报，江浙之人，自东走西，自南走北，居山林者谋入城市，居城市者谋入山林，旁午络绎，莫不失所。"

李清照也不例外。十月，她离开杭州，逃到了金华。金华也是灵秀之地，自南北朝以来就常有文人雅士慕名而来。城内外有许多著名的古迹，如八咏楼、天宁寺、龙德塔，闻名遐迩。

这次逃难，倒是说不上颠沛流离，似乎还有几分轻松。只因，敌人虽然来势汹汹，但遭到了宋军的顽强抵抗，始终未能渡过长江。在路上，李清照甚至可以伫立在船头，欣赏浙西的山水风情。船过富春江的时候，想起了当年隐居于江畔的严子陵，李清照十分感慨，不久后写了这首《钓台》：

巨舰只缘因利往，扁舟亦是为名来。
往来有愧先生德，特地通宵过钓台。

西汉末年，严子陵少有高名，与光武帝刘秀是同学，亦是好友。他积极帮助刘秀起兵，终于从王莽手中夺回了江山。刘秀称帝后，多次请严子陵做官，但他不肯接受，隐居在富春江畔，去世后葬于富春山。范仲淹守桐庐时，于钓台建"严先生祠堂"，并为之作记，其中有这样的赞语：云山苍苍，江水泱泱；先生之风，山高水长。

可惜，如严子陵这样淡泊的人，世间总是寥寥。很多时候，人们总是这样，嘴里说着先生之风，心里想的却是功名利禄。经过富春江，大多数人无动于衷，只有少数不失情怀的人，会心生些许羞愧，如此自我解嘲：君为利名隐，我为利名来。羞见先生面，黄昏过钓台。

然后，回到芸芸众生之间，继续索取和追逐。

这首诗，乍看上去，李清照是在自嘲，笑自己为了保全自己，加入了逃难的行列。与严子陵的高风亮节相比，她感到惭愧。实际上，她说的是南宋偏安的君臣。

杭州，也有人隐居过。当年的林和靖，才华横溢，却拒绝为官，隐于西湖孤山，植梅放鹤，二十年不入城市。他也是淡泊名利之人。然而，多年以后，退到这里的宋朝君臣，却是为了个人名利。国难当头，他们只会望风而逃。渐渐地，沉醉于烟雨中的歌舞，便把这里做了都城。是他们，让原本风雅的杭州，到处都是苟且的气息！该羞愧的，是这些人。

有人说，名利如锁链；有人说，名利似浮云。

可是放眼望去，滚滚红尘，千秋岁月，有几人曾放下名利，安于淡泊？

东篱与南山，那清静的地方，或可以种下悠然。

而人们，纵然前往，也常常带着厚重的名利气味。停留片刻，便即离去，返回了繁华。远离尘嚣，散淡度日，看起来潇洒，却不是谁都能学得来的。

避难金华

婉约而不矫情，孤冷却又磊落。

几分疏狂，几分不羁，这就是李清照。

看上去，她几乎是完美的才女。实际上，她亦是有缺点的，而且从不掩饰。多愁善感，以及由此而来的春恨秋悲，大概算是缺点。但仔细想想，假如她不多愁，落花成冢的时候，西风萧瑟的时候，便会少了她的悲悲切切，对于宋词，对于我们，或许都是缺憾。

孤傲自负是缺点。可是，纵观几千年历史，真正的文人，低沉也好，豪迈也好，总是有些自负的。更何况，从才气到情怀，从品性到胸怀，李清照都不落须眉之后。她若不自负，也就不是她了。

李清照真正的缺点，应该是好酒和好赌。她是惊世之才女，但不能因为喜欢她，就无视她的缺点。世间万物，没有完美无缺的。烟花绚烂，却是转瞬即逝；细雨温柔，却能湿透心扉。我们只能，在不完美中寻找完美。

印象中，李清照似乎总是醉意阑珊。都说，小酌怡情，大饮伤身。想必她也是明白的。但她，就是喜欢将心情和往事尽数泡在酒杯里，痛饮而下，让自己在忘却中或醉或醒。然后，填几首词，付与岁月。

对于好赌这件事，她不仅不掩饰，还清楚地写在文字里。没办法，她就是这样的性格。喜欢某件事，便只管倾心，不管世人如何评说。活出自己的姿态，是她的选择，亦是她的信仰。所以，我们看到的她，才会那样脱俗。

年轻的时候，尤其是在汴京那些年，可以说，李清照是痴迷于赌博的。她是个女子，虽才气纵横，却也只能守窗度日。琴书诗词，虽然入心，却不能填满所有的时光。即使是婚后，赵明诚也时常不在身边。空虚的时候，她总要找点事来消遣。于是，她喜欢上了赌博。以此打发寂寥，倒也是个办法。

予性喜博，凡所谓博者皆耽之，昼夜每忘寝食。且平生随多寡未尝不进者何？精而已。自南渡来流离迁徙，尽散博具，故罕为之，然实未尝忘于胸中也。

看得出，赌博之事，李清照是此中高手。她的痴迷，她的豪情，她的技术，足可以让许多男子汗颜。她宣称自己天性嗜好赌博，能够为之废寝忘食，而且每赌必胜。说得轻描淡写，却又理直气壮。于她，赌博这件事，虽有银钱往来，却只是深闺雅戏。她对于赌博的理解是：慧即通，通即无所不达；专即精，精即无所不妙。

从古至今，喜爱赌博的人遍及社会各个阶层。好赌的名人数不胜数。男性姑且不论，中国古代名气最大的女性，武则天、杨贵妃、慈禧太后，无不喜爱赌博。武则天喜欢"双陆"，杨贵妃偏爱"彩战"，慈禧太后则酷爱麻将。

其实，女子闺中寂寥，借赌博遣送流光，也是无可奈何的事。

绍兴四年（1134）十月中旬，李清照到了金华，投奔当时在婺州任太守的赵明诚之妹婿李擢，卜居于酒坊巷陈氏家里。战火并没有烧到这里，她的心情很快就平静了。日子仍如从前，读书填词，烹茶待月。闲得无聊时，她忆起了当年赌博之事。正如她自己所言："乍释舟楫而见轩窗，意颇适然。更长烛明，奈此良夜何？于是乎博弈之事讲矣！"所谓博弈，也即赌博。

此时，对于赌博之事，她早已没了从前的痴迷，但是兴致还在。在金华期间，她偶尔会与住在附近同样无聊的那些女子小赌。让人惊叹的是，她不仅喜欢赌博，而且对于赌博的渊源和变化颇有研究，对各种赌博的娱乐性了如指掌。那段时间，围绕赌博之事，她图文并茂地写了三篇文章，除了《打马图经》及其序，还有《打马赋》。

在这些文章里，她列出了二十余种赌博方式。在这其中，有的她嫌太鄙俗；有的她嫌只凭运气，显示不出智慧；有的她嫌太难，会玩的人太少，她找不到对手。而她最喜欢的，则是打马。有人考证出，打马就是麻将的前身。

故庖丁之解牛，郢人之运斤，师旷之听，离娄之视，大至于尧舜之仁、桀纣之恶；小至于掷豆起蝇、巾角拂棋，皆臻至理者何？妙而已。后世之人，不惟学圣人之道不到圣处，虽嬉戏之事，亦得其依稀彷佛而遂止者多矣。

李清照严正指出，不能将高级赌徒等闲视之，在本质上其与尧舜等圣人、师旷等大音乐家、庖丁等解剖家、郢人等武术家是相似的，都是专心致志的结果。后世庸人，学圣人学不来，连赌术也学得不够精深，真让她鄙夷。

可以笑她轻狂，但必须承认，她是个认真的人。

或者说，是个完美主义者。所以，即使是赌博，她也愿意倾心研究。

许多事，你若认真，也就成了风景。

值得注意的是，《打马赋》虽为游戏文字，却语涉时事。借谈论博弈之事，引用大量有关战马的典故和历史上抗恶杀敌的威武雄壮之举，热情赞扬了像桓温、谢安等忠臣良将的智勇，暗讽了南宋统治者不识良才、不思抗金的庸碌无能。对于偏安江南的朝廷，她总是心存鄙夷的。却也只能借赌博之事，将这样的想法，以及恢复河山的愿望，宛转曲折地道出。

绍兴五年夏天，李清照独自来到金华城南、婺江北岸的八咏楼。此楼原名玄畅楼，又名元畅楼，南朝齐隆昌元年（494）由东阳郡太守沈约建造。沈约是著名的文学家和史学家，为齐梁时期的文坛翘楚。当时，他从副宰相贬为东阳太守，心情抑郁，每每登楼，总会写诗寄悲凉之情。

沈约曾写《登玄畅楼》，因诗兴未尽，将其扩展到八首，谓《八咏》，是当时文坛上的长篇杰作。唐代时，为纪念沈约的《八咏》，将元畅楼改名为八咏楼，从此，八咏楼成为历代文人墨客登临吟诗之处。李清照登楼眺望东南胜景，忍不住又想起了北方，和那里被金人践踏的土地，于是感慨万千地写了首《题八咏楼》：

千古风流八咏楼，江山留与后人愁。
水通南国三千里，气压江城十四州。

千古风流，都是虚的，只有河山破碎真真切切。

江山如画，也已没了证据。半壁的江山，只剩沉重的叹息。

原本，登高望远，应是逸兴壮采的。但是现在，但凡有气节的大宋子民，登楼遥望北方，都会生出无边的悲愁。显然，这已经远远不是沈约似的个人忧愁。金人仍在不停进犯，苟安的南宋朝廷危如累卵。即使金人撤回原地，若不对其采取断然措施，渡江北上，收复河山，而是用土地、玉帛、金钱奴颜婢膝地去讨好对方，南宋江山将永无宁日。这是李清照既宛转又深邃的爱国情怀。

后面两句化用了贯休的"满堂花醉三千客，一剑霜寒十四州"。当然，也不只是简单化用，贯休的诗是有故事的。婺州兰溪人贯休是晚唐时的诗僧。在钱镠称吴越王时，他投诗相贺。钱意欲称帝，要贯休改"十四州"为"四十州"，才能接见他。贯休的答案是：州亦难添，诗亦难改，余孤云野鹤，何天不可飞。说完，拂袖而去。

后来贯休受到前蜀王建的礼遇，被尊为"禅月大师"。贯休不肯屈服于人，李清照化用他的诗句，显然是为了讽刺毫无气节的南宋朝廷。

故国不堪回首,却还有人,寻欢作乐,歌舞升平。

于是,李清照怆然而叹:江山留与后人愁。

真正的千古绝唱,应该是这样。

果然,赋到沧桑句便工。

第八卷:烟月无边人已去

红尘路远,我们空手而来,也将空手而去。
晴天雨天,相聚别离,或许是风景,却让人凄迷。
年华悄然老去,故事渐渐无声。
灯火明灭之间,已是天荒地老。

物是人非事事休

人生,是没有退路的旅程。

年轻时的丰盈,老去后的沉静,都是必经的路。

岁月这杯酒,本是苦涩的。懂得品味的,也必懂得生活。

无疑,李清照是懂生活的。容颜老去,世事成霜,她都可以淡然面对。她明白,生活就是在不断的浮沉变幻中,找到落脚点,让自己笑看沧桑。月缺也好圆也好,花开也好谢也好,若曾留心,便是不寻常的遇见。世间之事,随缘最好。

都说时光无情,然而,抚平伤痕的却往往是时光。赵明诚去世已经六年，李清照的离殇也淡了许多。而且，已到了斜阳年岁，她的心中渐渐有了人生沉淀后的清朗。在金华的日子，总的来说，心情是平静安和的。一个人，清水流年，散淡无尘，她已习惯了这样的生活。

但是，绍兴五年（1135）春天，李清照的心境又突然悲凉了起来。我想，这可能与朝廷追究的一件事有关。在李清照写《金石录后序》的时候，由于某些大臣的挑唆，使得宋高宗认为，由赵挺之参与编修的《哲宗实录》皆是奸党私意，不能扩散出去。按照刑律，冒禁传写者杖责八十。

《哲宗实录》记载了宋哲宗在位期间的许多重大事件。赵挺之当年在参与编修的时候，特意留了抄本，后来由赵明诚带到青州，又由青州携至江南，赵明诚去世后，即由李清照保管。那些流亡的岁月，李清照始终倾尽力气护其周全。不曾想到，如今皇帝严令赵家缴进此书。赵明诚虽已故去，还是点了他的名。

最让人无奈的，还是命运。李清照的人生，苦难已经太多。暮年时光，只想清静度日，却还是不得安生。这无疑是在她渐渐愈合的伤口上又撒了把盐。于是，忧愁又飘然而至。

风住尘香花已尽，日晚倦梳头。物是人非事事休，欲语泪先流。
闻说双溪春尚好，也拟泛轻舟。只恐双溪舴艋舟，载不动许多愁。

偏偏，又到了暮春。水流花谢，总有人熟视无睹。但是对于天性感伤的人来说，这就是悲伤的开始。黛玉葬花，绝不是故作风雅，那是由衷的怜惜。春残花落，红颜老死，总是悲情之事。

在风没有停息之时，花片纷飞，落红如雨，虽极不堪，尚有残花可见；风住之后，花已沾泥，人践马踏，化为尘土，所余痕迹，只有尘香。此情此景，人何以堪！

于是，日色已高，头犹未梳。在李清照的《凤凰台上忆吹箫》中，也有"起来慵自梳头"的句子，但在那里，只有生离之愁；而在这里，却是死别之苦。不愿想起，却还是想起了从前。那时候，相濡以沫，你侬我侬；那时候，哪怕是残红满地，有个人伴着，至少心是暖的。

可惜，猜到了开头，却猜不到结局。戏里人生，处处都是玄机。

总是这样，万千缠绵，换不来两三句珍重。

故事的结尾，人们茫然站立。然后憬悟，原来这就是生活。

物是人非，欲语泪流。世间的每个人，都避不开这样的悲愁。不知不觉，故人离散，情缘终了；不知不觉，欢宴散场，人各天涯。多年以后，忆起从前，除了感叹流光如霜，又能如何？同样的所见，彼时是风景，此时是苍白，只因，曾经年华与共的他们，如今已各自天上人间。

李清照，本想泛舟双溪，却又打消了念头。纷乱的心事，让她对许多事都没了兴致。忧愁本无形，而在这里，她怕，小舟载不动她满心的悲愁。我们记得，许多年前，溪亭日暮，她曾泛舟湖上。那时候，扁舟上尽是悠然。从悠然到悲愁，沧海已桑田。

有趣的是，秦观在《江城子》中这样写道："便做春江都是泪，流不尽许多愁。"愁已经物质化，变为可以放在江中，随水流尽之物；李清照将它搬上了船，于是愁有了重量，不但可随水而流，并且可以用船来载；

董解元《西厢记诸宫调》中云："休问离愁轻重，向个马儿上驮也驮不动。"他把愁从船上卸下，驮在了马背上；后来，王实甫在《西厢记》中说："遍人间烦恼填胸臆，量这些大小车儿如何载得起。"又把愁从马背上卸下，装在了车子上。

很多年以后，方文山这样写道："温了一壶乡愁，将往事喝个够。"

当愁入了酒壶，回头再看，那女子还在那里，感叹着物是人非。

绍兴五年秋，李清照离开了金华。过去的那年，陈家人对她颇为照顾，所以，离别的时候，她很是不舍。挥手作别，已是泪眼迷离。然后，李清照登上小船，沿着富春江顺流而下。几天以后，回到了杭州。她仍然选择了住在西湖边上。虽然，她已老去，但她愿意，看西湖淡妆浓抹总相宜的样子。从此以后，她再也没有离开这里。

从这年开始，到绍兴十一年，宋金战争的形势发生了重大变化。宋军在战争初期遭到了许多失败以后，经历了重建和改编，吸收了不少抗金武装力量，越战越勇。又有岳飞、韩世忠等精神领袖的带领，随时准备渡过黄河，直捣黄龙府，恢复大宋河山。

与宋军士气高涨相反，金军在连年征战后，已经开始由强变弱，连连败退。然而，在这样的利好局面下，以宋高宗为首的南宋朝廷，却依旧选择了与金人议和。收复中原，洗雪国耻，他们只是偶尔想想。

怒发冲冠，凭栏处、潇潇雨歇。抬望眼，仰天长啸，壮怀激烈。三十功名尘与土，八千里路云和月。莫等闲、白了少年头，空悲切！

靖康耻，犹未雪。臣子恨，何时灭！驾长车，踏破贺兰山缺。壮志饥餐胡虏肉，笑谈渴饮匈奴血。待从头、收拾旧山河，朝天阙。

岳武穆这样的豪情壮志，在那时的英雄们胸中激荡着。与之极不匹配的是,那群文弱的君臣在江南那一弯缺月下,细声细气地嘟囔着"求和"二字。山河破落到那种地步,他们还只知道奴颜婢膝地乞求和解。可就是这样的苟且,却在那样的时代,与那些英雄的激烈情怀遥遥相对。这么一对应,就对应出那个时代长久的寥落和迷茫。

最可悲的是,宋高宗不顾朝野上下反对,重用秦桧,任命他为宰相兼枢密使,将军政大权都交给了他。说起来,李清照和秦桧竟还是亲戚。秦桧的妻子王氏是李清照舅舅王仲山的女儿,也就是说,她们是嫡亲表姐妹。

不过,李清照与秦家向来无往来。她流离失所的时候,秦桧正是扶摇直上。尽管如此,在她与张汝舟对簿公堂时,并未求秦桧帮忙,而是找到了亲戚关系较为疏远,并且反对秦桧的綦崇礼。想必,秦桧的为人,她是了解的。

秦桧这个人,曲意逢迎,见风使舵,是他;寡廉鲜耻,卖国求荣,是他。而他的妻子王氏,李清照的那个表妹,也是阴险卑鄙,毫无节操可言。可惜,人无法选择来处,否则,李清照定不愿与这样的人有任何瓜葛。

当秦桧权势炙手可热之际,凡沾亲带故者,特别是王氏方面的亲故,大都飞黄腾达,窃据要津。但李清照,显然不愿跻身其中。即使是后来最凄惨的时候,她也不曾向秦桧夫妇求助。生当作人杰,死亦为鬼雄,她记得;欲将血泪寄山河,她也记得。她知道,生而为人,有骨气,才算活着。

青山有幸埋忠骨

心若没有栖息的地方,到哪里都是流浪。

反过来,心若无恙,处处皆是归途。

西子湖畔,那个小院里,有李清照最后的年光。

暮年的李清照,终于没再漂泊。临山近水的日子,泡一壶月光,写几行文字,没有风花雪月,只有散淡心情。感伤与落寞,都属于自己,无须谁知道。

外面的世界仍是摇摇晃晃,她选择煮酒度日。她已经清楚,家国天下之事,不管她怎样挂怀,怎样感慨,终是少有人知。她只是个女子,微弱的声音,发出来便消散在乱世的喧嚣之中了。

实际上,岳武穆那首《满江红》天下皆知,也没能让整个时代壮烈起来。南宋的时光,就摆放在江南云水之间。竟然奇迹般,摆放了很多年。

绍兴五年,战争仍未结束。金人仍是野心勃勃,南宋朝廷畏缩如故。臭名昭著的秦桧早已到了宋高宗身边。有他的存在,宋高宗求和的决心无比坚定。君臣各有私心,所谓的收复山河,便渐渐流于表面了。

只有军前将士,仍在浴血。这年,曾在黄天荡之战中擂鼓助战的梁红玉,在楚州抗金前线战死,历史记住了她。与她的英姿形成鲜明对照的,是朝堂上人们的瘦弱身影。

秦桧字会之，出生于建康，元祐五年（1090）中进士。大概是因为善于阿谀奉迎之术，他在仕途上很是顺畅。他最擅长的，不是济世安民，不是心忧天下，而是，阳奉阴违，欺上罔下，过河拆桥。

靖康二年（1127）初，汴京沦陷后，金人掳走了徽钦二帝，决定废除赵氏，另立张邦昌为伪楚皇帝。粘罕派人将当时在京的宋朝大小官员集中到秘书省，强迫众人签名画押，表示拥戴张邦昌。当时，任监察御史的马伸，冒着生命危险，与御史吴给一和御史中丞秦桧商议后，写了一道反对张邦昌的议状，乞存赵氏。

本来，议状是三人签署的，功过都属于三人。结果是，南渡以后，秦桧将存赵之功尽揽于己身。也因此，赵构登基后，对他十分器重。绍兴初年，马伸已故，其学生马兑将实情诉于文字，送到了尚书省，揭露秦桧的谎言。秦桧大怒，不久后，马兑被贬到了英州，直到秦桧死后才被放还。

那年，许多宋朝大臣，如宰相何栗、枢密使孙傅、签书枢密院事张叔夜，都被掳到了金国。秦桧及其夫人王氏也在被掳的队伍中。不同的是，被押往北方不久，何栗、孙傅、张叔夜都相继死难，唯独秦桧和夫人全身而逃。

原来，被押到北方以后，秦桧选择了奴颜婢膝，投靠了金主完颜吴乞买的弟弟，为其出谋划策。再后来，在金人软硬兼施之下，秦桧答应做其在宋朝的内应。其中的细节无人知晓，知道的是，此后许多年，秦桧的确是尽心竭力，出卖着人格，和大宋天下。

气节被抛弃，许多事就变得合情合理。

所以，诗人说，卑鄙是卑鄙者的通行证。

建炎四年（1130）秋，金军进攻江苏淮安，秦桧随军同行，十月离开金营到了杭州。回到朝廷后，秦桧自称杀了监视自己的金军，抢了小船逃回。朝臣多持怀疑态度，宰相范宗尹、枢密院李回与秦桧关系要好，竭力保荐他的忠心。最重要的是，他极尽逢迎谄媚之能事，很快就赢得了宋高宗的欢心，马上便开始青云直上，最终成了宰相。

这两个人真是臭味相投，将求和之事做到了极致。割让土地、增加岁币，卑躬屈膝，总之，但能求得片刻安宁，他们就会满足金人所愿。可恨的是，因为他们的狼狈为奸，整个南宋朝廷失去了黑白的界限，不少忠臣良将蒙冤而死。

绍兴八年（1138），宋高宗诏令定都临安。人们都明白了，朝廷偏安江南已成定局。那些忠贞为国的大臣，不断上书皇帝，希望北复中原，却都石沉大海。枢密院编修官胡铨在给皇帝的奏章中，斥责其忘记了国家大仇，并要求斩秦桧、王伦等奸臣。宜兴进士吴师古迅速将此奏章刻版付印散发，吏民争相传诵。

太湖之滨，十四岁的少年王谊，从小熟读经史，钦佩英雄义士，痛恨误国奸臣。他无意中看到吴师古的刻本，便愤然挥笔，模仿御批，在上面写了八个字："可斩秦桧以谢天下"。不久，他被人告发，被押至杭州，虽未被杀，却被流放了。

蛰居杭州的李清照，虽然很少外出，但对于天下之事，并非不闻不问。秦桧等人的卖国行径，正直之臣的仗义直谏，忠勇将士的出生入死，她都大概了解。这天，李远来看望她，带来了胡铨奏章的刻本。

李清照看过以后，对胡铨的凛然正气敬佩不已。但她清楚，这样的奏章,虽然写得义正词严,却很难让皇帝重拾复国之心。最让李清照郁闷的是,李远告诉她,因为那份奏章,胡铨很快就遭到了贬谪。李远走后,李清照心绪很不好。想起几年前写的那首《菩萨蛮》,她忍不住悲伤了起来。

归鸿声断残云碧,背窗雪落炉烟直。烛底凤钗明,钗头人胜轻。
角声催晓漏,曙色回牛斗。春意看花难,西风留旧寒。

然而,让她悲伤的事情还在后头。绍兴九年(1139),秦桧与金议和,岳飞再度上表力陈其害,极力主张收复北方失地。但是,宋高宗听不进去。到了绍兴十年(1140),金军再度南侵,岳飞率领大军,于郾城大败金军,进兵到离汴京几十里地的朱仙镇,中原豪杰群起响应。岳飞以为,直捣黄龙,收复河山,应是指日可待。

向来主张求和的宋高宗,竟然在一天之内连下十二道金牌命令他班师,岳飞只得退兵。这次无奈的退兵,让岳飞彻底明白,皇帝根本不想恢复中原。所以,回到朝廷后,他不再像以往慷慨陈词,只是再三恳请朝廷解除其军职,归田而居,却未被允准。

绍兴十一年(1141)正月,兀术再度领军南下。二月,岳飞领兵驰援淮西。此后,他的身影再也没有出现在战场上。南宋再次向金求和,兀术在给秦桧的信中说,不杀岳飞,便无和谈的可能。四月,岳飞和韩世忠等将被调离军队,到杭州枢密院供职。十月,岳飞被诬告谋反,被投入大理寺狱中。等待他的,是那段昏暗的岁月。

这年除夕,岳飞及其子岳云,被害于大理寺风波亭。

罪名只是轻飘飘的三个字:莫须有。

而岳飞对这个世界的答复是：天日昭昭。

这天，下着雪。可是茫茫人间，却没有清白。

不久以后，李清照听到了岳飞被杀的消息，痛不欲生。那是她最敬重的、举世无双的英雄。但是，这个以精忠报国为信仰的将军，没有死于沙场，却是死于奸佞小人之手。更让李清照痛心的是，她的那位表妹王氏，竟是蛇蝎心肠之人，在那场千古奇冤的悲剧中，曾与秦桧在东窗内定计，还说，无毒不丈夫。

如今，在杭州栖霞岭，秦桧夫妇二人的铸像，在铁栅栏内反剪双手，赤身长跪于岳飞墓前。实际上，还有许多地方，在岳飞墓前，他们都跪着。这是最适合他们的姿势。

历史的答案很明白：青山有幸埋忠骨，白铁无辜铸佞臣。

可叹，那个冬天，风波亭上，英雄悲怆而去。

许多人泪洒青史。也有人笑着，扭曲而冰冷。

千秋岁月，总有日光照不到的地方。

草 木 春 秋

李清照的晚年生活是比较困窘的。无论如何，仅存的那些文物，她是舍不得变卖的。于她，这些物件，皆是暖心之物。留着它们，那场静美的爱情就没有结束。可她毕竟只是个女子，除了满腹的才思，并无安身立命之技能。那些年，她不得不依靠变卖珠宝首饰以及亲朋好友的资助度日。

说来凄凉，但也没办法。乱世女子，伶仃度日，已是极为难得。

虽然艰难，她还是将日子过出了几分兴味。手里的笔墨流年，杯中的风烟俱净，都让她觉得安恬。偶尔，信步到西湖边上，听那湖水，枕着清风，说起相见恨晚。

生活是最深的哲学。快乐与否，并不在于拥有多少。

若富足，便轻裘快马；若清贫，便听风看月。

繁华巷陌，野径茅庐，各有各的苦乐悲喜。

陶渊明不为五斗米折腰，于是解印挂职归去田园。虽然潇洒，但他的晚年生活也是清苦的。种豆南山，看上去悠然。但他实在不是稼穑的好手，开荒南野际，也未能让生活富足起来。真实的情况是，后来的许多年，他不得不靠朋友的接济度日。尽管如此，他的日子仍是那样，莳花种草，琴书自娱。

可以说，没有闲情，也就没有所谓的闲居。

绍兴十三年（1143），李清照将《金石录》表进于朝。她知道，只有这样，赵明诚的毕生心血之作才能流传后世。几十年后，大约在南宋淳熙年间，《金石录》已有刻本行世，书末附有李清照所写的《后序》。到明代已很少见，清人所知的宋刊本只有残存的十卷本。

清顺治年间济南谢世箕刻本、乾隆年间卢见曾刻雅雨堂丛书本，都以明抄本为底本。1950年在南京发现三十卷宋刊本，行款版式与残存的十卷本全同，被认为是宋龙舒郡斋初刊本，为目前最好的本子。

可惜，后来的事情，李清照无从知晓。

但她知道，地下若能重逢，面对赵明诚的时候，她可以笑得嫣然。

绍兴二十年（1150），李清照六十七岁。过去的那些年，她除了读书填词，对书画文物的研究从未中断。或许，这就是她独自燃烧那场美丽爱情的方式。这天，她翻看所剩不多的书画时，看到了米芾的两幅字。她知道，这都是赵明诚当年的心爱之物。若有重要人物在上面题跋，必能让这藏品更有价值。于是，李清照决定登门拜访米友仁。

在古代，题跋是鉴定书画真伪的一种重要方式。比如说，米芾为蔡襄的某字帖题跋，评论这幅字好在哪里，或者说是否真迹等等，这样的跋文，对于后来的人们鉴定这幅字帖的真伪很有帮助。

米芾字元章，号鹿门居士。曾任太常博士、礼部员外郎，宋徽宗召为书画学博士。诗文书画，无所不精。他的行书和草书得王献之笔意，风格俊迈，苏轼对他的书法有这样的评价：风樯阵马，沉着痛快。因为他行为举止癫狂不羁，人称"米颠"。

四十几年前，李清照还在汴京，曾与米芾见过几次面，也曾闲谈诗词书画，还被这前辈以才女二字盛赞。如今，斯人已去，只留书画于人间。依稀想起从前，李清照不胜唏嘘。

人生，看似漫长，其实不过是刹那的烟火之缘。

草木春秋，不知不觉，就交还给了岁月。

风雨落花，我们能做的，只有惜取眼前所有，情缘也好，风景也好。

米友仁字元晖，是米芾的长子，继承并发展了米芾的山水技法，奠定了"米氏云山"的特殊表现方式，就是以表现雨后山水的烟雨蒙蒙、变幻空灵而见称。其父子二人有大、小米之称。米友仁早年以书画知名，北宋宣和四年（1122）应选入掌书学，南渡后曾任兵部侍郎、敷文阁直学士。当年在汴京时,他与赵明诚、李清照多有交往,时常纵论书画。

初春,杭州城里,乍暖还寒。李清照走出了自己的小院,来到了天庆坊的一座宅子前。米友仁原来住在京口,致仕后寓居于此。他出生于熙宁(1074)七年,比李清照还要年长十岁。不过,在丹青里走过人生,虽已至垂暮之年,却仍是精神矍铄。他没想到,在七十七岁这年,还会在江南与李清照重逢。故人相见,说起旧事,不无感慨。

李清照所携两幅字帖,分别是《寿时宰词》和《灵峰行记帖》。见到父亲的字,确定是真迹,米友仁激动得老泪纵横。他虽是米芾长子,但是手中父亲的字画却很少。米芾这个人,写字有个习惯,总是乘兴而为。若是没有兴致,便只字不写,他流传下来的作品并不多。李清照说出了来时所想,米友仁爽快地答应了,马上就在两幅字上分别挥毫题了跋:

先子真迹也。昔唐李义山出门下典仪,宰相屡荐之。太宗召试进武殿,赐坐,而殿侧有乌数枚集之,上令做诗咏之。先子因暇日偶写,今不见四十年矣。易安居士求跋,谨以书之。

易安居士一日携前人墨迹临顾,中有先子留题,拜观不胜感泣。先子寻常为字,但乘兴而为之。今之数字,可比黄金千两耳。呵呵。

寥寥几个字,值黄金千两,这并非玩笑。米芾的字,在他去世之前已被人争相收藏。对于他的字,《宣和书谱》上记载:"寸纸数字人争售之,以为珍玩。"多年以后,更是价值难以估量。米友仁不但证明字帖是真迹,而且还为之估了价。

倘若是市侩之人得此字帖,又知道价值连城,大概就会变卖以换取阔绰的生活。可是李清照绝不会如此，她宁可忍受清贫，也不会变卖赵明诚遗物，因为那是他们爱情的见证。她登门拜访米友仁，求其题跋，除了为了鉴别真伪，也为了以这样的方式来怀念赵明诚。她就是要告诉他，时隔多年，她仍在继续他的事业。

米友仁这两篇跋文见于岳飞之孙岳珂《宋真斋法书赞》，其后均题为："敷文阁直学士、右朝议大夫、提举佑神观友仁谨跋。"可惜的是，到岳珂编撰《宋真斋法书赞》的时候，米芾《寿时宰词》帖已散佚，仅存米友仁跋文。岳珂跋《米元章帖》这样写道：

右宝晋米公《灵峰行记》真迹一卷。天下未尝无胜游，惟人与境称，而后传久，其次以文，其次以字画。考乎此亦可观矣。宝庆丙戌秋得之京口。故藏易安室，有元晖跋语系焉。

李清照与米友仁虽是故友，但从未见其执笔写字。此番不仅得到了他的跋文，还近距离看他挥毫，实在是人生幸事。看他走笔于纸上，竟有几分年轻时的潇洒纵逸。恍惚间，又回到了许多年前。

那时候，他们还在北方。临风把盏，无比的快意。

可是现在，浊酒余欢，皆是行将就木之人。

人生这场戏，唱着唱着，就落幕了。

回忆若可久居

生如夏花，若能如此，人生便是绚烂的。

但别忘了,经过轮回,总有花随风落那日。

最重要的是,如何面对暮色苍苍。我以为,老去的时候,应是这样:若有人相伴,便共醉斜阳,摇椅上,闲话从前;若只有自己,便温酒煮月,几卷书,相看不厌。

生活的高低曲直,李清照了然于心。但是很遗憾,她是感性的。风吹叶落,人走茶凉,都会让她悲伤。于是,庭院里,西楼上,总有她孤单的身影。

更加无奈的是,她生活的那个时代,是昏暗无光的。南宋历史,虽然是在百余年后才被蒙古铁骑终结,但是那段历史,从未有过真正的平静,更说不上盛世太平。所有的繁华,在北方飞扬的尘土中,显得模糊而片面。

当光复中原渐渐成了渔樵笑谈,李清照也就只能暗自叹息。

故园北望,路途漫漫。曾经盛放年华的地方,已成了异乡。

绍兴二十一年(1151)除夕,李清照在烛火下惆怅到深夜。下着雪,如十年以前,大地上仍是不见清白。转眼间,岳飞被杀已过去了十年,秦桧还在朝廷里只手遮天。许多站出来为岳飞申辩的人,都遭到了残酷的迫害。李清照无法不难过。

秦桧为了文过饰非,收买了若干文人为他歌功颂德。这些人,经不起功名利禄的诱惑,甘心投靠到他的门下,对其肆意吹捧,厚颜无耻到了极点。但是多数有正义感的文人,是非分明,对这个卖国贼恨之入骨,宁愿归隐林泉,清贫自守,也绝不与其同流合污。

福建宁德有个弱冠即考中进士的才子,名叫郑昌龄,当时誉满天下。

秦桧想笼络他，派人送去了亲笔书信。没想到，郑昌龄看到信后，严词拒绝。他捎给秦桧一首诗："先生傲睨辞官傍，不免蹉跎入醉乡。来书恐是梦中语，使我大笑讥荒唐。"

绍兴二十年（1150），有位名叫施全的殿前司军校，预先藏身于望仙桥下，次日清晨，将去上朝的秦桧刚上桥，施全便从桥下冲出，挥刀朝他砍去，可惜未能砍中。结果，施全被擒住处以极刑。想必，那些年，这样的事情还有不少，只是都未能成功罢了。

岳飞沉冤未雪，朝堂上的人们花天酒地，李清照时常为此愤懑。她知道，暮年时光所剩无几，应忘却尘世纷扰，但她实在做不到。同时，她也不愿意，死后葬在南方。江南虽然云水如梦，终究是异乡。

当年离开故乡的时候，她带走了一抔土，装在瓷瓶里，放在她的案头，逢年过节，都要捧在手中看看。还有一片从青州带来的枫叶，她也细心珍藏着。竟是乡愁，伴了她多年，渐渐成了解不开的心结。许多年后，席慕蓉写出了她的心事：

故乡的歌是一支清远的笛，总在有月亮的晚上响起；

故乡的面貌却是一种模糊的怅惘，仿佛雾里的挥手别离；

离别后，乡愁是一棵没有年轮的树，永不老去。

李清照晚年在杭州度过了整整二十个春秋。那些年，她的词里面，满是凄楚与哀愁。我想，不仅因为她生性多愁，更因为江山只剩半壁，朝堂上的人们已无心收拾。他们，听着吴侬软语，看着湖光水色，醉了。醉得忘了回家的路。

落日熔金，暮云合璧，人在何处。

> 染柳烟浓，吹梅笛怨，春意知几许。
> 元宵佳节，融和天气，次第岂无风雨。
> 来相召、香车宝马，谢他酒朋诗侣。
> 中州盛日，闺门多暇，记得偏重三五。
> 铺翠冠儿，捻金雪柳，簇带争济楚。
> 如今憔悴，风鬟霜鬓，怕见夜间出去。
> 不如向、帘儿底下，听人笑语。

是她说过，物是人非事事休，欲语泪先流。

同样的元宵佳节，曾经，酒朋诗侣，香车宝马；如今，身在他乡，了无兴致。不是因为老了，而是因为，她的世界黯淡了，烟花再美，也不能将孤独照亮。她可以简单度日，尽量让自己心如平湖。可是，某些瞬间，某些画面，还是会让她黯然神伤。

人在何处，当我们这样问自己的时候，就已经是身在天涯了。

天涯，未必是西风古道，未必是寂寞荒野。

或许，只是夕阳下的梅花三弄。

她说，次第岂无风雨。没错，所有的晴好，都隐藏着风雨。很多时候，相聚的时候，离别已经开始；欢笑的时候，泪水已在眼眶。总之，她无心赏灯看月，谢绝了朋友的邀请。她要安静地，回味从前。

那时候，宋王朝为了点缀太平，在元宵节极尽铺张之能事。花灯从腊月初点到正月十六，正所谓，家家灯火，处处管弦。年轻的李清照也曾与闺中女伴盛装出游。可是后来，金军入侵，梦和现实，都被踩得粉碎。多年以后，她流落异地，憔悴不堪，再无出外游赏的心思。

帘外，欢声笑语的人们，有多少还记得国恨家仇？无人问起，亦无人回答。哀莫大于心死，许是答案。江南月色，笼罩着许多事。

窗外时光如人，日日都在凋零。

可是，越来越苍老的，却只有窗内那个憔悴身影。

终于明白，所有走过的路，都曾踩着她的年华，通向远方。

那里，她独自品尝着岁月的酒，三杯两盏，尽是心伤。

假如李清照不是膝下无子女，晚年的生活大概不会那样凄凉。然而，最后那些年，她只能独自走过。孤寂与萧索，只能默然承受。幸好，还有文字，沧海桑田，不离不弃。

寻寻觅觅，冷冷清清，凄凄惨惨戚戚。乍暖还寒时候，最难将息。三杯两盏淡酒，怎敌他、晚来风急。雁过也，正伤心，却是旧时相识。

满地黄花堆积，憔悴损、如今有谁堪摘。守着窗儿，独自怎生得黑？梧桐更兼细雨，到黄昏、点点滴滴。这次第，怎一个愁字了得。

又是秋天。所有的寻寻觅觅，都变成了悲悲切切。

秋天如海，人似扁舟，没有着落。

拾起几个文字，任其跌落于宣纸上，敲开的也只有忧愁。

寂寞太深，从无解药。西风扫地，酒精也不能给人刹那的温暖。

雁过长天，平添寂寥。但是在这里，李清照所见的鸿雁，却如旧时相识，带着几分情意。这里有两层意思。首先，北雁南来，好像正是往昔在北方见到的，怀乡忆旧之情不言而喻；其次，大雁掠过，回想起过去在寄给赵明诚的词中，曾设想雁足传书，如今那人已去，纵然相识的大雁飞过长空，也不能为她带去只言片语。

上片从独自寻觅无着，写到酒难浇愁，雁过长空又添悲愁。于是，下片由秋日高空转入自家庭院。园中开满菊花，秋意正浓。曾经以为，这里所说的满地黄花堆积，就是指残英落地，其实并非如此。

　　实际上，这正是菊花盛开之时。只不过，词人因忧伤而憔悴瘦损，无心看花，无意赏花。然而人不摘花，花当自萎；及花已损，则欲摘已不堪摘了。这里，既有自己无心摘花的烦闷，也有惜花将谢的情怀。

　　寂寞若是有地方诉说，恐怕就不能称之为寂寞。此时李清照的处境就是，冷落清秋，寂寞无语。她的日子总是这样，整天守在窗边，孤苦伶仃。黄昏时分的那场梧桐细雨，更是淋湿了她心中微弱的温暖。此中况味，真的不只是悲愁那么简单。

　　偶尔，她会去到回忆里，遇见曾经花开的年月。

　　但她，总要从往事里转身，继续面对眼前的清秋。

　　回忆若可久居，现实也就无须灯火。

半亩心田

　　所有过往，都是岁月的恩赐。

　　风霜雨雪，苦辣酸甜，都经历过，人生才不算苍白。

　　经历的事多了，也就有了恬淡，有了心如止水。

　　船行于海上，若永无风浪，总是无味；花开在枝头，若永不凋零，难免惘然。我以为，活在人间，应该是这样：若流年有情，就心随花开；若人走茶凉，就守心自暖。

不知什么时候，距离李清照住所不远的地方，搬来了一户姓孙的人家。户主孙综，由于当时他的官阶是从七品的宣议郎，所以人们称他为孙宣议。孙综原籍会稽山阴，妻子梁氏也是同郡人，他们有个十几岁的女儿。寓居杭州，全靠孙综的俸禄生活，过得其乐融融。

孙综出身于书香门第，曾祖孙沔曾任观文殿学士、户部侍郎，祖父孙之文、父亲孙延直也都在朝中做过官。不过，孙综对仕途之事颇为冷淡，倒是喜欢吟诗填词。偶然间，他听说当代著名女词人李清照就住在附近，曾以晚辈后学的身份去拜访过数次，李清照也没有闭门不见。交谈了几次，李清照见孙综谦逊真诚，又是舞文弄墨之人，便渐渐与他熟络了起来。

此时的李清照，已是年近古稀之人。那些年，她总是在想，要是有个传人，将自己平生所学倾囊相授，该是很快慰的事情。然而，许多年过去了，她从未遇到合适的人选。她看得上的，都不喜诗词之事；愿意向她学习的，却又往往资质平庸。李清照常以此事为人生憾事。

孙综的女儿清朗秀气，聪颖灵慧，李清照初次见她，就对她很是喜欢，便又起了收为弟子的念头。这天，孙综夫妇带着女儿前来看望她。彼此寒暄以后，又闲谈良久。终于，李清照说出了自己的愿望。

让李清照失望的是，这个女孩虽然聪慧，却毫不领情地回绝了她，并且说，吟诗作赋不是女子该做的事情。李清照本是好心，却讨了个没趣，被小女孩的话噎得半天说不出话。她很清楚，女子无才便是德，这是人们的普遍认知。这样的事情，她已见过很多次。虽然觉得可惜，却又知道，这事强求不来。

那样的时代，愿意倾心于文字，并以才女为梦想的女子，世间没有几个。《红楼梦》里，林黛玉动了做才女的心思，被薛宝钗谆谆教诲，动之以情，晓之以理，便有些畏缩了，不太敢以才女自居了。钱钟书在《围城》里就说过，夸一个女人有才华，等于夸一朵花有白菜的斤两。

似乎，在旧时代，身为女子，最好的归宿，就是嫁个笃厚之人，相夫教子。当然，寻常女子，过寻常的生活，与诗词歌赋从无瓜葛，也没什么不好。只不过，明明天赋异禀，却因为世俗规则，不敢去触碰诗书，最终变得庸常，实在是莫大的悲哀。

这世上，有些路通向极美的风景，却因为崎岖坎坷，总是阒无人迹。

只有少数人，勇敢上路，孤独前行，去到了那里。

红尘没有彼岸。但是，敢于穿越长夜的人，能看到彼岸花开。

想必，李清照在那个小丫头身上看到了自己当年的影子。然而，她就算天资过人，也必然无法走李清照的路。才女两个字，听来是风景无限，但其重量不是谁都能承受的。正所谓，欲戴王冠，必承其重。尤其是在旧时代，身为才女，孤独与寂寥，冷眼与嘲讽，无处不在。而且，才女人生，大都是悲凉的。所以，许多女子，还未上路就打消了念头。

历史上的才女，几乎都避不开命运多舛。在漫长的封建社会中，女性仅是男性的附庸。她们对婚姻没有自主权，丈夫死后也不能再嫁，未嫁从父，既嫁从夫，夫死从子；她们不能抛头露面，不能参加科举考试，才华往往凋零于无声。由于礼法的束缚和思想的禁锢，大部分女性，人性受到压抑，心灵受到扭曲，失去了独立人格和自我价值。

越是优秀的女子,越是不甘寂寞。那些才华横溢、感情丰富的才女,不愿听天由命,不愿让自己麻木不仁。然而,以才情与个性,挑战冰冷人间,以及世俗规则,结果是,大都落得遍体鳞伤,甚至香消玉殒。

蔡文姬,才高气傲,十六岁嫁给才子卫仲道,本是伉俪情深,可惜好景不长,第二年丈夫去世。蔡文姬不曾生子,卫家人又嫌她克死了丈夫,她只得回到娘家。后父亲死于狱中,她二十三岁被匈奴掠去,居南匈奴整整十二年。后来虽被赎回并且再嫁,却因为朱颜渐老,不被自视甚高的丈夫看重,过得很是落寞。

谢道韫,才学过人,甚是聪慧,且勇敢果断,品位高雅,为东晋女诗人。《晋书》称赞她风韵高迈、神情散朗,有林下风气。这个有着咏絮之才的女子,嫁给了王羲之的儿子,日子过得诗情画意。但是后来,王凝之为孙恩起义军所杀,谢道韫寡居多年。

朱淑真,诗词作品丰盛。委曲求全嫁给曾经屡考不中的文法小吏,跟随丈夫奔波劳苦,宦游四方。可惜,两人气质相异,志趣相左,再加上其夫寻花问柳,以致最终夫妻双方断绝往来,分道扬镳再无会合。朱淑真也因此成了弃妇,在封建礼教和传统偏见的双重包围下,最终抑郁早逝。

顾太清,清代著名女词人。天资绝美,极有天赋,晚年还著作小说《红楼梦影》。其文采见识,非同凡响。家道中落后,顾太清因才貌双绝,被乾隆曾孙奕绘选为侧福晋。两人爱好相同,灵犀相通。奕绘死后,四十岁的顾太清痛不欲生,家庭关系又急剧恶化,她被迫移居府外,在对亡夫的怀念中,荒度余生。

总之,才女二字,说来都是泪。她们为爱痴狂,却总是难得美满;她们吟风赏月,却又时常被嘲讽。在传统的观念中,女子所创作的诗文书画是不能传出闺阁的。这其中,不知有多少铭心刻骨的真情之作被岁月遗忘,也不知有多少冰雪聪明的女子被世俗掩埋。

这个小丫头,后来嫁给了宋哲宗时宰相苏颂的三世孙、文林郎苏君璹,做了谨依三从四德的贤妻良母。她的儿子苏泂是陆游的学生,而她的父亲孙综是陆游的表兄弟。在她去世后,陆游应苏泂的请求,为她写了篇墓志铭,其中这样写道:

夫人幼有淑质,故建康明诚之配李氏,欲以文辞名家,欲以所学传夫人,时夫人十余岁,谢不可,曰:"才藻非女子事也。"——《渭南文集》

墓志铭自然不能违背逝者心意。看得出,几十年以后的孙氏,对自己贤良淑德很是得意。她大概仍在庆幸,当初没有与李清照学填词写诗。而李清照,也没必要遗憾。她是真正的才女,那种孤绝与清逸,世俗之人是学不来的。当然,那样悲情的人生,也不是寻常女子可以支撑的。

许是因为悲情,历史中的才女,总让人莫名地动心。她们如画,未必有浓墨重彩的着笔,却让你流连忘返;她们如诗,未必有平仄丰盈的韵律,却让你氤氲于心。更重要的是,她们大都冷傲孤清,即使上天不垂怜,仍活得清清楚楚。就像李清照。

经过苦难历程,许多事她都已了然。杭州城里,她活得不声不响。

几句平仄,温暖春秋与冬夏;半亩心田,种下疏影和暗香。

推开窗,看日升月落;关上门,写花谢水流。

外面的车水马龙,只是外面的。

归去无痕迹

偶尔回头,就能看到草木已枯,岁月已凉;
蓦然转身,便会知道年华已逝,灯火已熄。
人生如盛筵,散场后,总有人独上兰舟,总有人独立残阳。

最后那些年,李清照的文字里满是西风的痕迹。但她毕竟是李清照,倔强如她,硬气如她,会与时光把酒言和,却不会在生活面前悲悲切切。所有的凄清,都交给了平平仄仄的句子。她就这么写着,时光已忘不掉她。

宋词浩如烟海,婉约词也是不计其数,但在许多人心目中,李清照就是婉约词宗。在她生活的那个年代,前有苏东坡、柳永、秦观等人,后有陆游、辛弃疾、姜夔等人,李清照就站在这些人中间,无半点羞怯与扭捏。渐渐地,人们习惯了她的存在,因为她笔下的文字,确是风华绝伦的。

当时,许多人对李清照赞誉有加。即使是曾经评判李清照的词属于闾巷荒淫之语,后来在李清照与张汝舟离婚时又极尽讽刺之能事的王灼,也不得不这样评价她:"才力华赡,逼近前辈,在士大夫中已不多得,若本朝妇人,当推文采第一。"他原本是瞧不上李清照的,只因她是女子。但是最终,他被她的才华折服了。

同样被折服的,还有后来的许多文人。清代的李调元在《雨村词话》

中说，李清照的词不在秦观和黄庭坚之下，不仅可以俯视巾帼，甚至可以盖过须眉。只有在许多年以后，人们才会承认，李清照年轻时写的《词论》是有道理的。她肆意评点当代词人，是有些恃才傲物的意味。但她对于填词，的确有深入见解。

在李清照看来，韵律谐和，布局有方，情感细腻，情调雅致，只是填词的基本要求。更重要的是，词就是词，不能以写诗或者写散文的方式来填词。她始终认为，词应是独立的，是别有洞天的。她有她的理论见地，而不是寄情文字，偶尔写点惆怅欢喜。

李清照，有她独立的品格，有她坚强的个性，有她细腻的感情，有她开阔的眼光，再加上无与伦比的天赋，终于没有被岁月淹没，成了名副其实的婉约词宗。她的文字，被她冷傲倔强的性情和忧国忧民之心支撑着，所以不落俗套，婉约中不失风骨。才女这个名字，也只有她这样的女子，才当得起。

才女向来都是文学素材，生活在文学故事之中，是文学家尤其是男性作家茶余饭后消遣娱乐的谈资。古往今来，才女不少，但凭借着自身强大的实力而非旖旎故事，能与同时代男性作家分庭抗礼的，却是寥若星辰。李清照做到了，只不过，她已苍老。

从前的风景，都在心里，渐渐没了痕迹；

后世的评说，无论褒贬，她已无处打探。

她就在那里，静默如尘，与灯火结伴，与文字小酌。

这已经是绍兴二十五年（1155）。日光底下似乎并无新事。楼台上的歌舞，山水间的醉意，慵懒地点缀着片面的繁华。所有的叹息声，都被喧嚣所掩盖。但许多事,就在这样索然的日子里发生着。

这一年,秦桧死了。他在朝廷里翻云覆雨多年,得到的不过是骂名滚滚。可惜的是,正直忠义的岳武穆,竟惨死于这等人手中。所幸,多年以后,岁月的风吹散了尘垢,青史之上,黑白忠奸清清楚楚。

这一年,姜夔出生。成年后屡试不第,始终没能敲开那个偏安朝廷的大门。他自号白石道人,奔走四方,带着那颗忧患之心。多年后,经过被金军两次践踏的扬州,所见断井颓垣,写下了著名的《扬州慢》,啸落了半阕河山的残雪。那时候,宋词的舞台上坐着陆游、辛弃疾、杨万里、范成大等人。

淮左名都,竹西佳处,解鞍少驻初程。过春风十里。尽荠麦青青。自胡马窥江去后,废池乔木,犹厌言兵。渐黄昏,清角吹寒。都在空城。
杜郎俊赏,算而今、重到须惊。纵豆蔻词工,青楼梦好,难赋深情。二十四桥仍在,波心荡、冷月无声。念桥边红药,年年知为谁生。

这一年,辛弃疾还在苦读诗书,寻觅济世安民之道。六年之后,他率两千民众参加北方抗金义军,次年奉表归南宋。生平坚决主张抗击金军,收复失地。可惜,他生错了年代,所有的热情都付诸东流,只好叹息着说:风流总被,雨打风吹去。

这一年,坚决主张抗金,后因赠词给主战派李纲,受到秦桧打击,被朝廷除名削籍的张元干,在江南写了首《水调歌头》。

举手钓鳌客,削迹种瓜侯。重来吴会三伏,行见五湖秋。耳畔风波摇荡,身外功名飘忽,何路射旄头。孤负男儿志,怅望故园愁。

> 梦中原，挥老泪，遍南州。元龙湖海豪气，百尺卧高楼。短发霜黏两鬓，清夜盆倾一雨，喜听瓦鸣沟。犹有壮心在，付与百川流。

遥望中原，无限怅惘。这其实，也是李清照的心境。

梦里的故园，终究是她回不去的地方。

如今，她的小院，只有清风与明月往来。

李清照在这里，无声无息。岁月于她，是壶中温酒，浅酌中满是余味。她不恨岁月无情，亦不恨世事如冰。饱经人世悲欢，她早已明白，人生本就是在苦难中忘却苦难的过程。

李清照不愿任何人打扰她的清静。她活在自己的内心里。她在人海深处，也在红尘那头。她不需要谁来过问她的消息，也不需要谁来照看她的年光。

初秋，李清照再次来到西湖边上，过白堤苏堤，看平湖画舫。累了，便停下脚步，与湖水面对面，也与湖水中映着的时光面对面。

想象着当年苏东坡在湖畔办公的画面，倒是觉得安慰。这个地方，到底是有故事的。温婉多情的苏小小，儒雅风流的白居易，达观豪放的苏东坡，孤绝冷傲的林和靖，他们来过这里。因为他们，这里的山水都不寂寞。寂寞的，是她自己。

其实，她也不寂寞。不远处的湖畔，一位须发花白的老翁，在教一个六七岁的小女孩背诵古诗，看样子是祖孙关系。李清照饶有兴趣地注视着他们，女孩所背诵的诗让她无比欣慰。竟然，是那首《夏日绝句》：生当作人杰，死亦为鬼雄。至今思项羽，不肯过江东。

老翁告诉小女孩，这首诗为易安居士所写，那是有名的才女，长大后以她为榜样。不久后,爷孙两人说着她的故事相携而去了。李清照早已热泪盈眶。这世界,毕竟还是暖的。

她大概不知道,许多年后,她的诗词,她的名字,还会被无数人念念不忘。她的墓碑前,总有人伫立叹息,那是对她最真诚的拜谒。生命如斯,已无遗憾。

那个秋天,李清照离开了人世。些许凄凉,些许不舍。

西风萧瑟,黄叶满地。她蓦然转身,去得了无痕迹。

烟月无边,红尘无岸。

随园散人
2016 年 9 月,于上海